나는 악령의 목소리를 듣는다

나는 악령의 목소리를 듣는다

소크라테스, 철학적 욕망의 기원에 관하여

백상현 지음

에디투스

à Jisuk

☼ 차례 ☼

프롤로그

☆

철학이라는 정신병에 관하여

"소크라테스가 자신은 욕망에 관한 것 말고는

아무것도 아는 게 없다고 말했을 때,

이 말에는 주체의 지위와 관련된

어떤 핵심적인 주제가 담겨 있었습니다."

―1964년 1월 15일, 라깡 세미나[1]

---

1   라깡의 세미나에서 인용한 부분은 다른 구분을 명시하지 않고 날짜만 밝혀 두었다.

책을 펼쳐든 독자에게 먼저 양해를 구하려 한다. 다루는 주제가 소크라테스라고는 하지만, 그러나 이 책에서는 우리 모두가 알고 있는 진지한 철학자로서의 면모는 어디에도 묘사되지 않을 거라는 점. 철학적 사유나 깊은 고뇌 따위도 제시되지 않을 거라는 사실을. 그런 것을 기대했다면, 다른 책을 선택하시기를. 이 책에는 삶을 조화롭게 만들어 주거나, 행복의 진실을 깨닫게 해 주거나, 인생의 숨겨진 의미를 찾도록 해 주는 멘토로서의 소크라테스는 없다. "모두의 복리를 위한" 그런 교훈을 말해 주는 철학자는 책에서 찾을 수 없을 거다. 그러니까 인생에 도움이 될 만한 문장을 찾아 나선 독자라면, 그런 목적으로 서점의 철학 코너를 서성거리셨다면, 다른 책을 권한다.

그럼에도 읽겠다면 말리지는 않겠다. 그러나 각오하시기를. 이 책은 정상과 비정상을 뒤집고, 정론과 사론을 전위시키는 논증으로 가득하니까. 우리 모두가 믿어 왔던 상식과 그에 기초한 진리가 속견이며 그래서 허위라는 주장으로 가득하니까. 타락을 숭배하며, 그로부터 진정한 진리의 형상을 추론하고자 하는 필자의 논증에 동참하게 된 독자는 열에 아홉은 흔들리게 될 것이고, 그러한 흔들림을 스스로 감당해야 할 테니까. 옳고 그름이 뒤바뀐 거꾸로 된 세계에 중독된 매혹을 알아서 치료하셔야 한다. 거기까지 책임지진 않을 거다. 진리라는 이름으로 철학의 전통이 점잖게 논해 왔던 것의 이면에 은폐된 진정한 사태를 드러내는 것으로 책은 종결될 것이고, 진리의 악마적 매혹 속에 독자를 던져 넣은 다음 필자는 손 털고 일어날 것이기에.

이를 위해 책이 선택한 주인공이 바로 소크라테스이다. 아테네의 법정에서 "모두의 복리를 위해" 사형선고된 등애gadfly와 같은 남자. 어디서나 문제를 일으키는 말싸움의 대가였던 히스테리증자. 신으로부터 가장 지혜로운 자라는 타이틀을 부여받았다고 떠벌리고 다녔던 과대망상증 환자. 악령이 속삭이는 환청에 사로잡히곤 했던 편집증 환자. 그럼에도 일단의 제자들을 매혹시킬 줄 알았던 아갈마agalma의 화신이던 한 노인에 관한 이야기. 궤변을 늘어놓으며 젊은이들을 타락시켰던 어느 범죄자의 이야기이고, 사형선고를 받고 나서도 신을 모독하기를 멈추지 않았던 선동가의 이야기이다. 그리하여 결국은 플라톤이라는 강박적인 추종자에게 자신의 광기를 고스란히 전수하는 데 성공한 아테네의 부랑자 이야기. 스스로 진리의 정신병에 사로잡히는 것으로도 모자라서 젊은 플라톤에게 그것을 전염시켰던 병원균의 이야기이다.

그런 이유에서이다. 일반적으로 다루어지곤 하는 소크라테스의 철학적 주장들이 이 책에서 배제된 것은. 그보다는 소크라테스의 병적인 욕망 자체에 주목하고자 했다. 『변론』[2]이라는 텍스트가 선택된 이유도 거기에 있다. 소크라테스가 아테네를 타락시키려 한다는 죄목으로 고소당한 직후 자신을 변호했던 법정 기록의 형식인 『변론』. 이 텍스트에는 철학적 이론이 아니라 욕망의 유형이 제시되고 있으며, 필자는 바로 그것에만 주목하고자 했다. 아마도 이러한 태도는 이 책이 철학에 대하여 취하는 근본적인 입장과 같은 것일 수 있겠다. 철학이란 철학자가 만들어낸 지식이나, 그것을 기록한 텍스트가 아니라는. 철학은 어떤 특수한 유형의 욕망이라는 주장. 그리고 이것을 전수 가능한 것으로 만들었던 역사적 사건이 바로 소크라테스의 죽음이었다는 주장. 이 책이 분석하려는 것은 바로 그러한 욕망의 출현과 전수의 과정이고, 그러한 욕망이 가진 병적인 구조이다. 그로부터, 철학적 욕망이란 세계-권력의 강박증적 욕망에 대항하는 히스테리적 욕망이거나 편집증적 욕망이라는 사실을 우선 증명하려 했다. 철학은 세계-권력의 정신병에 대항하는 소수자의 또 다른 정신병적 욕망이라는 점을 분명히 하려고 했다.

그리하여 이 책에서는 어느 쪽도 정상이 될 수 없는 정신병

---

2   플라톤의 책 『소크라테스의 변론』을 말한다. 이 책의 본문과 주석에서의 인용은 천병희 번역본(도서출판 숲, 2012)에서 가져왔다. 인용문 다음 괄호 안의 첫 번째 숫자는 번역 판본의 페이지, 다음 숫자와 알파벳은 규준 원서의 페이지이다. 이하 본문과 주석에서도 『변론』으로만 표기.

적 세계 현실이 그려지게 된다. 각자는 나름의 환상과 환각을 살아가고 있을 뿐이라는, 일종의 파토스적 세계관이 제시된다. 다만 권력을 가진 쪽이 정상성이라는 환상을 획득할 뿐이다. 다수의 권력이 소수를 병적이라 치부하며 자신의 정상성을, 다수의 환상에 불과한 그것을 폭력적으로 강제할 뿐이다. 소크라테스야말로 바로 그러한 폭력의 희생자이지 않았는가? 상식과 고정관념의 이름으로, 다수의 행복이라는 환영을 위해 살해당한 최초의 철학자이지 않았는가? 그런 다음 아테네는 행복을 획득했는가? 책의 결론부에서 여러분은 사태가 전혀 다른 방향으로 전개되었다는 사실을 발견하게 된다. 소크라테스는 반복되는 악몽의 형식으로 다시금 아테네를 찾아와 유령처럼 떠돌기를 멈추지 않게 될 것이기 때문이다. 우선 먼저, 잠든 플라톤을 깨우기 위해. 그런 다음에는 플라톤의 목소리를 통해 아테네를 들쑤시기 위해. 그리하여 수천 년이 지난 세기에 지구 반대편 우리의 잠든 영혼을 찾아오게 되는.

이를 논증하기 위해 필자는 자크 라깡의 정신분석 이론을 도입한다. 히스테리라는 정신병과 편집증이라는 정신병에 관련된 보다 근거 있는 설명을 위해서이다. 그러나 겁먹지 말기를 당부하고 싶은데, 그다지 어렵지는 않기 때문이다. 오히려 그 반대다. 여러분은 정신분석의 가장 토대가 되는 이론을 통해 여러분의 무의식이 얼마나 병적으로 매혹적인 것인지를 확인하고 안도하게 될 거다. 여러분을 찾아오던 불안과 흔들림과 우울과 충동들이 사실에 있어서는 진리에의 접근을 알리는 일종의 신호였다는 사실을 이해하게 될 테니까. 소크라테스가 사로잡혔던 히스테리와 편집증이 세계의 강박증에 반기를 드는 대단히 매혹적인 행동이었다는 사실을 이해하는 방식으로 그렇게 될 거다. 설명할 수 없었던 마음의 흔들림이 사실에 있어서는 진리와의 만남을 준비하며 리듬을 타는, 그렇게 해서 하나의 전혀 다른 흐름을, 플로우를 만들기 위한 행위였다는 사실을.

여기까지의 논의를 따라온 독자는 마침내 필자가 준비한 하나의 결론에 도달할 수 있게 될 텐데, 그것은 철학이라는 실천을 이해하는 하나의 입장에 관한 것이다. 철학이란 복잡한 텍스트의 전개와 사변적 이론의 나열이 결코 아니라는 것. 철학은 하나의 욕망이고, 그것은 변화하려는 욕망이며, 현재의 우리를 지배하는 고정관념의 권력에 대항하는 고함소리와 같은 것이라는 관점이다. 필자가 책을 쓰며 진정으로 말하고 싶었던 건 그것 한 가지였다. 철학은 여러분의 마음속에서 꿈틀대는 반항하는 욕망이고, 기성세대의 권력에 테크니컬한 방식으로 침을 뱉는 행동이고, 꼰대들의 담론에 욕설을 퍼붓는 일종의 하드코어 랩에 다름 아니라고. 소크라테스가 아테네의 지배자들에게 했던 것이 정확히 그것이었고, 그래서 사형당한 것이라고 말이다. 이 책의 주장은 그렇게 명확하며 간결하다. 그럼에도 원고지 500매에 이르는 이론과 해명이 필요했던 것은, 보다 확실하게 드러내어 분석하고 증명하기 위해서였다. 병적인 욕망이 가진 힘을 이해할 수 있도록 만들기 위해서이고, 그러한 이해가 우리의 일상에서 하나의 도구로 사용될 수 있도록 하기 위해서이다. 그는 사형당했지만 우리는 살아남아야 하기에, 그의 사례를 꼼꼼히 분석한 논거를 통해 우리 자신의 욕망을 '변론'해야 했다.

이 글은 바로 그런 텍스트에 다름 아니므로, 책을 읽는 내내 다음의 사실을 잊지 말아주었으면 좋겠다. 소크라테스는 어디에나 있고, 어쩌면 미래의 어느 한 순간 여러분 자신이 그일 수도 있다는 사실을.

1장

☼

공백을 탐닉하는 히스테리적 주체

"소크라테스는 자신의 자리를 갖지 않을 뿐만 아니라,

그보다는 어디에도 존재하지 않았습니다."

—라깡, 1960년 11월 16일의 세미나

소크라테스라는 유령

.

그가 누구의 아들이며, 누구의 남편이자 아버지였는지에 관해서는 비교적 상세히 알려져 있다. 심지어 그의 생김새가 어떠했고 성품이 어떠했는지에 대해서도 자세히 알려져 있다. 체력 단련을 게을리하지 않았던 그는 완력이 남달랐다. 펠로폰네소스 전쟁을 비롯한 크고 작은 전쟁에서 전공을 세울 만큼 전투에도 능했다.[3] 재물을 탐하는 것을 병적으로 싫어했고, 말하는 것을 좋아했다. 특히 캐묻고 따지는 것을 좋아했으며, 그것을 할 때면 거의 미친 자와 같았다고 전해진다. 논쟁의 상대를 궁지로 몰아넣어 할 말을 잃게 하고, 자신이 아무것도 모르며, 그렇게 모른다는 사실조차 모르는 천하에 얼뜨기라는 사실을 인정할 때까지 몰아붙이곤 했다. 승리의 대가가 언제나 영광스런 것

---

3   디오게네스 라에르티오스는 『그리스 철학자 열전』(전양범 옮김, 동서문화사, 2016)에서 다음과 같이 쓰고 있다. "[소크라테스] 그는 몸의 단련에도 마음을 썼으므로 몸은 좋은 상태였다. 실제로 그는 암피폴리스로 출정을 나갔고, 또 델리온 전투 때는 말에서 떨어진 크세노폰을 구출하여 생명을 구해주었던 것이다. 그리고 이 전투에서 아테네군 전체가 패주했을 때는, 그는 이따금 천천히 뒤를 돌아보면서 만일 그를 공격하는 자가 있으면 막아 싸우려고 주의를 기울이면서 홀로 태연히 퇴각하는 것이었다." p. 100.

도 아니었다. 논쟁에서 궁지에 몰린 상대에게 머리채를 잡히거나 주먹질과 발길질을 당하는 일도 부지기수였기 때문이다. 이런 일을 수십 년 해 왔고, 그로 인해 아테네 사람들의 미움을 한 몸에 받았다. 아테네 시민에게 의무였던 정치적 활동은 결코 하지 않았지만 그럼에도 광장에 나가 다수 의견에 맞서기를 주저하지도 않았고, 필요하다면 목숨을 걸고 그렇게 했다.[4] 겉으로 보기에 소크라테스의 이러한 모습은 당시 아테네를 비롯하여 그리스 전역에 소란을 일으키던 소피스트들과 닮았다. 사실 소크라테스가 그 많던 소피스트들 중 한 명이었다고 주장해도 무리는 없어 보일 정도이다. 그는 모두가 믿는 진리를 뒤집기를 좋아했으며, 궤변이라 오해받을 만큼이나 비일상적으로 치밀한 논변의 복잡한 기술을 통해 상대방을 조롱하기를 일삼았기 때문이다. 만일, 소크라테스와 다른 소피스트들, 즉 철학교사들과의 차이가 있다면 다음의 네 가지 정도라고 할 수 있다. 첫째, 소크라테스는 제자들에게 수업료를 받지 않았으며, 둘째, 그에게는 다른 소피스트들이 갖지 못했던 제자, 서구 철학의 시작을 정립했던 플라톤이라는 제자가 있었다는 사실이고. 셋째는 그가 사형당한 첫 번째 철학자라는 사실이다. (마지막 네 번째 차이는 나중에 밝히도록 하자.) 아마도 독자 여러분 역시 이러한 차이들에 대해서는 잘 알고 있으리라 생각한다. 아울러 두 번째 차이가 매우 중요했음 역시 이해하고 있으리라 생각한다. 사실에 있어서 소

---

4   아르기누사이 섬 해전의 실수로 인해 고발당한 10인의 군사위원을 위해 혼자서만 무죄 투표한 일이 대표적이다.

크라테스는 단 한 권의 책도, 단 한 문장의 격언도 글로 남긴 일이 없다. 우리가 소크라테스에 관하여 알고 있는 모든 '사상'은 "소크라테스가 말하기를……"의 형식으로 플라톤이 남긴 문장들에 불과하다. 그저 몇 페이지, 또는 몇 권을 남긴 것이 아니라, 평생에 걸쳐 플라톤은 소크라테스가 말했다고 가정하는 방식으로 수없이 많은 철학 작품을 남겼다. 그러니까 사실에 있어서 우리는 소크라테스가 어떤 생각을 했는지, 실제로 어떤 철학을 가르쳤는지 알 길이 없다. 이것은 역설적인 사실이다. 서구 고전철학의 시작점이라고 알려진 소크라테스의 사상이란, 오로지 플라톤의 문장을 통해서 전해질 뿐이니까 말이다. 만일 사정이 이와 같다면, 확인할 수 없으며 규정될 수 없는 소크라테스의 존재를 단순히 무시할 수는 없는 것일까? 플라톤이 쓴 모든 작품들을 온전히 플라톤 자신의 사상인 것으로 간주하면서 소크라테스를 그로부터 분리시켜 버린다면 사정은 간단히 정리될 수도 있기 때문이다. 우리는 심지어 소크라테스를 일종의 가상적 캐릭터였을 것으로 생각해 볼 수도 있다. 한때 플라톤의 스승이었고, 아테네의 거리에서 실제로 청년들을 선동했던 인물이기는 하지만, 그럼에도 플라톤에 의해 이리저리 과장되는 방식으로 다시 창조된 인물로 가정해 볼 수도 있다. 그렇게 되면 소크라테스는 중요성을 상실하고, 플라톤의 작품 속에서 말을 하는 일종의 주요 등장인물 역할을 떠맡게 된다. 마치 니체의 짜라투스트라처럼. 그럴 경우 소크라테스라는 존재는 플라톤에 의해 선택된 꼭두각시 인형과 같은 이미지로 간주될 수도 있을 것이다. 그는 서구 고전철학의 위대한 창립자 플라톤의 철학적 서사시를 위해 창조된 등장인물에 불과하게 된다. 그러나 이러한 가설은 플라톤의 작품 속에서 묘사되는 소크라테스의 중요성으로 인해 간단히 반박되고 말 것이다. 단순히 창조된 캐릭터이기에는, 소크라테스는 너무도 중심적으로 다루어지고 있다. 플라톤이 여든 살에 이르기까지 평생에 걸쳐 창작한 거의 모든 작품 속에서 소크라테스라는 인물은 역할을 부여받은 등장인물이기보다는 작품의 지배자라는 인상을 준다. 작품을 썼던 플라톤은 화자로서의 소크라테스가 던지는 끝도 없는 질문에 답하기 위해 동분서주하며 고군분투하는 모습을 보이고 있기 때문이다. 그런 의미에서 소크라테스는 분명 플라톤에게 시작이자 끝이었다. 심지어 필자는 소크라테스라는 유령이 그를 평생 쫓아다니지 않았더라면 플라톤의 철학적 욕망도 존재할 수 없었을 것이라고 주장하려 한다. 귀족 집안에서 태어났던 플라톤이 정치적 활동에 대한 야심을 접고 아카데미아를 설립하여 철학 연구와 강연에 몰두하도록 만들었던 것은 분명 소크라테스가 남긴 질문들과 그의 미스터리한 죽음이었기 때문이다. 모두가 자기 자신의 지식이 지닌 위대함을 스스로의 능력의 산물이라고 주장하며 열을 올릴 때에도, 플라톤은 자신의 가장 뛰어난 사상들이 자신의 것이 아닌 스승 소크라테스의 사유로부터 온 것이라며 발을 빼고 있다. 특히 이 점에 대해서 우리는 도무지 그의 과도한 겸손을 이해할 수가 없다. 최소한 필자는 그런 마음이다. 소크라테스는 어떤 자였기에 이토록 집요한 추종자를 낳게 했는가? 소크라테스의 무엇이 플라톤으로 하여금 강박증에 가까운 집착의 열정을 갖도록 만들었는가? 초라한 석공인 아버지와 산파 어머니에게서 태어난 자식이자, 실제로 석공 일을 했었던, 그러다 어느 날부터 아테네의 부랑자와 같은 삶을 살았던 소크라테스가 말이다[5]. 그는 어떻게 해서 자신의 욕망으로부터 서구 고전철학의 욕망이 정립되는 사건을 파생시킬 수 있었는가?

이에 대한 답을 구하기 위해서 필자가 제안하는 것은 『변론』이라는 텍스트를 참조하는 것이다. 이것 역시 플라톤에 의해 기록된 것이긴 하지만, 소크라테스가 공개 재판에서 대중에게 자신을 변호했던 법정 담화라는 점에서 보다 객관적인 내용일 것이라고 추정해 볼 수 있다. 그런 의미에서 플라톤은 이 책에서만큼은 소크라테스라는 인물을 아전인수我田引水할 수 없었을 것이라는 추측이 가능하다. 최소한 우리는 소크라테스가 어떤 죄목으로 기소되어 사형당했는지, 그의 마지막 태도와 생각은 어떠했는지를 살펴봄으로써 소크라테스의 욕망에 대한 가장 근접한 사실에 접근할 수 있을지도 모른다. 그로부터 시작되어 플라톤을 또한 욕망하게 만들었던, 그리하여 서구 철학의 기원이 되었던 '어떤 욕망'과 그 전수에 관한 최초의 진실을 이해하게 될 수 있을지도 모른다.

5　『그리스 철학자 열전』에는 소크라테스를 묘사하는 다음과 같은 티몬의 언급이 등장한다. "그러자 그 사람들로부터 멀어져 갔던 것이다. 석공인 주제에 법률 습관에 관해 억지를 부리고, 그리스 주술사이면서 엄밀한 토론을 한다고 칭하다니, 변론가들을 우습게 알고, 반쯤 아티카 사투리로 헛소리를 해대는 이 사내라니." p. 98.

이중의 빠져나감

소크라테스가 어떤 인물이었는지를 알려주는 가장 명백한 사실은 그를 기소한 자들이 부여한 죄목에서 역설적으로 드러난다. "도시가 믿는 신을 믿지 않았고, 젊은이들을 타락시켰다"는 죄목. 이에 덧붙여 "사론을 정론화하려 했고, 신을 모독했다"는 죄목 등등이 그것이다. 이러한 죄목들은 아테네의 공개 재판을 통해 공표된 것으로, 플라톤의 창작일 수 없다. 따라서, 이에 대한 소크라테스 자신의 변론 기록 역시 소크라테스 자신의 실제 주장이었을 가능성이 다른 어떤 플라톤의 작품에서보다 높다고 할 수 있다. 바로 이러한 담화 속에서 소크라테스는 다음과 같이 말하고 있다.

"아테나이 여러분, 내가 이런 명성을 얻게 된 것은 순전히 어떤 지혜 때문입니다. 그게 어떤 지혜냐고요? 그것은 아마도 인간적인 지혜일 것입니다. 실제로 인간적인 지혜가 내게 있는 것 같으니 말입니다. 그러나 앞서 말한 사람들에게는 아무래도 초인간적인 지혜가 있는 듯합니다. 나로서는 달리 설명할 길이 없습니다. 내게는 그런 지식이 없기 때문입니다. 그리고 누구든 내게 그런 지식이 있다고 말하는 사람은 거짓말로 나를 모함하려는 것입니다."(24, 20e)

소크라테스는 이렇게 자신이 명성을 얻게 된 것은 '어떤 지혜' 때문이라고 주장하면서 변론을 시작한다. 바로 이 명성으로 말미암아 아테네 사람들에게 미움을 사기 시작했다는 것인데, 그런 의미에서 이것은 명성이라기보다는 악명이라고 할 수 있었다. 소크라테스를 미워하게 만들고, 마침내 고소하도록 만든 그의 명성이란 곧 악명이었고, 이것은 어떤 지혜로부터 비롯되었다는 주장이다. 그렇다면 소크라테스가 유일하게 소유했다고 주장하는 그 '지혜'란 어떤 것에 대한 앎이었을까? 이에 대해 우리는 '인간적'이라는 수사에 주목하지 않을 수 없다. 소크라테스는 다른 자들, 특히 그를 고소한 멜라토스와 그 일당이 소유했다고 가정한 '초인간적 지식'과 자신의 지식을 구분한다. 바로 이 시점에서, 그러니까 소크라테스가 자신의 인생과 철학적 여정을 마무리하는 시점에서 고백하는 그 자신의 최고의 지혜란 인간적 사유의 능력을 넘어서는 영역에서 찾아지는 신비로운 대상이 아니었던 것이다. 그것은 신들의 세계에 자리한 최고선도, 이데아도, 형상도 아니다. 그가 가장 소중하게 생각했으며, 그것에 충실하기 위해 결국은 목숨까지 버리기를 마다하지 않았던 바로 그 지혜 또는 진리란 그토록 인간적인 것이다. 그의 고발자들은 소크라테스가 "주제넘게도 지하에 있는 것들과 하늘에 있는 것들을 탐구하고 사론을 정론으로" 만든다면서 모함했지만, 사실 이것은 그의 관심사가 아니었다. 그는 말한다. "아테나이인 여러분, 그런 주제들은 실제로 내 관심사가 아닙니다. 부디 여러분이 증인이 되어주십시오."(20, 19b-19c) 그렇다면, 하늘의 일을 사색하고, 땅속의 온갖 것들도 탐사하는 자들은 누구인가? 아마도 이들은 이오니아학파를 중심으로 활동하던 철학자들이라 생각된다. 자연과 우주의 원리와 본질을 탐사하는 철학자들 말이다. 그러나 소크라테스에게 이런 주제들은 관심 밖의 대상에 불과했다. 그는 천체와 별들의 관계 속에서 진리를 찾으려 하지 않았다. 그가 이전의 다른 철학자와 구분되는 가장 두드러진 점은 인간의 관계 속에서 진리의 자리를 확인하려 했다는 것이었다.[6] 어떤 관계가 정의로운 것인가? 어떤 행동이 올바른 것인가 등등의 사회적 가치의 문제가 그를 사로잡고 있었다. 물론 이러한 주제가 소크라테스의 전유물은 아니었다. 소피스트들 역시 같은 주제에 몰두했기 때문이다. 그러나 당시 아테네를 소란스럽게 만들곤 했던 소피스트들의 회의주의적 주장과 소크라테스의 그것은 같은 주제에 대해서 전혀 다른 결론을 제시하고 있었다. 소피스트들은, 진리가 없다[7]―라든지, 신은 존재

---

6   "그는 또 자연 연구는 우리에게 아무런 도움도 되지 않는다는 것을 깨닫고 일터에서도, 광장에서도 윤리적인 사항을 논했다고 한다."(『그리스 철학자 열전』, p. 99.)

7   "아무것도 있지 않다. 그리고 만약에 무엇이 있다고 하더라도, 인간은 그것을 인식할 수 없다. 그리고 만약에 그것을 인식할 수 있다고 하더라도, 여하튼 (남에게) 전해줄 수 없다."(고르기아스, 「단편 3」) 헤르만 딜스Hermann Diels, 『소크라테스 이전 철학자들의 단

하지 않는다[8]—든지, 모든 법률은 정당성을 가질 수 없다는 등등의 전복적인 발언으로 사회의 혼란을 야기하곤 했지만, 소크라테스는 결단코 그들의 주장에 동의한 일이 없었기 때문이다. 오히려 그 반대였다. 소크라테스는 진리가 분명 존재하며, 그것을 보증하는 신을 부정할 수 없으며, 나아가 정의로운 규범과 법률의 보편적 존재를 확신했다. 만일 사정이 그러하다면, 소크라테스가 소유했다고 주장하는 지혜란 바로 이런 것들, 즉 보편적이며 영원한 진리와 신의 존재 그리고 자연으로부터 흘러나온 보편적 법률에 관한 것이었을까? 만일 그러하다면 이러한 지혜는 초월적인 것 아닌가—라고 반문해 볼 수 있다. 그러나 소크라테스의 대답은 역설적이게도 그렇지 않다는 것이다. 여기서 그렇지 않다—라는 것은 그러한 진리가 존재하지 않는다는 뜻이 아니라, 소크라테스 자신이 알고 있는 것은 그러한 진리에 관한 앎이 아니라는 것이다. 그는 완고하게도 자신은 그와 같은 어마어마한 진리에 관한 앎을 갖고 있지는 않다고 주장한다. 그렇다면 뭐란 말인가? 소크라테스가 지키려 했던 지혜. 사형선고가 내려지는 와중에도 포기하려 하지 않았던 그토록 소중한 지혜란 무엇인가? 필자는 이에 대한 답을 구하기 위해 이야기의 시작으로

편선집 *Die Fragmente der Vorsokratiker*』, 김인곤 외 옮김, 아카넷, 2005. p. 284.

8 "나는 신들에 관해서는 알 수가 없다. 그들이 있다는 것도 알지 못하거니와 있지 않다는 것도 알 수 없다."(프로타고라스, 「단편 4」) "신들이건 어떤 종교이건 간에, 이런 것들은 모두 똑똑한 인간이 발명해 낸 것이다."(크리티아스) 요한네스 힐쉬베르거Johannes Hirschberger, 『서양 철학사*Geschichte Der Philosophie*』(강성위 옮김, 이문출판사, 2015)의 상권, p. 96에서 재인용.

돌아갈 것을 제안한다. 소크라테스 재판의 시작 부분이 아니라, 소크라테스라는 인물의 시작 말이다. 그가 아테네를 누비며 자신의 지혜를 설파하는 삶을 살기 직전의 순간. 변론의 와중에도 소크라테스는 바로 이 첫 순간에 대해 언급하고 있다. 그것은 소크라테스가 아직은 석공[9]으로 살아가던 젊은 시절의 어느 날이었다고 했다. 소크라테스의 친구였던 카이레폰이 델포이 신전에 갔다가, 이 세상에서 "소크라테스보다 더 지혜로운 자는 없다"는 신탁을 받은 사건이 그것이다. 그는 변론에서 다음과 같이 말한다. "그런 그[소크라테스]가 한번은 델포이에 가서 감히 신에게 물었습니다. [……] 나보다 더 지혜로운 사람이 있는지 말입니다. 그러자 예언녀가 더 지혜로운 사람은 아무도 없다고 대답했습니다."(24, 21a)

이걸 설명하는 소크라테스 자신도 상당히 난처해하고 있는 모습이다. 변론에서 그는 "아테나이인 여러분, 여러분은 내가 큰소리치는 것처럼 들리더라도 야유하지 마십시오"(24, 20e)라고 간청한다. 이게 간청인지 너스레를 떠는 건지는 알 길이 없지만, 어쨌든 배심원들과 그곳에 모인 군중들의 반응은 미루어 짐작할 수가 있다. 야유가 쏟아졌을 것이다. 지금 소크라테스는 고소당한 자신이 세상에서 가장 지혜로운 자일뿐만 아니라, 그러한 사실을 신으로부터 듣게 되었다고 주장하는 것이다. 게다가,

---

9 『그리스 철학자 열전』에 따르면 소크라테스의 아버지는 석공이었고, 그 자신도 이 직업을 물려받아 한동안 석공으로 살았던 것으로 추정된다.

소크라테스 자신도 이러한 신탁을 믿을 수가 없었다고 고백하고 있다.

"신께서 무슨 말씀을 하시는 것일까? 그 수수께끼는 대체 무슨 뜻일까? 나야말로 큰일이든 작은 일이든 매사에 지혜롭지 못하다는 것을 내가 잘 아는데, 신께서는 대체 무슨 뜻으로 내가 세상에서 가장 지혜로운 자라고 말씀하시는 것일까? 신께서 거짓말을 했을 리는 없고. 그것은 그분답지 못한 짓이니까."(25, 21b)

갑작스레 그에게 내려진 신탁에 대해 고민하던 소크라테스는 다음과 같은 결심을 한다.

"한동안 그게 무슨 뜻인지 몰라 곤혹스러워하다가, 나는 마지못해 다음과 같은 방법으로 그 말이 사실인지 알아보기로 작정했습니다. 나는 지혜롭기로 명망 높은 사람을 면담하러 갔습니다. 그래야만, "그대는 내가 가장 지혜로운 사람이라고 했지만, 여기 저보다 더 지혜로운 사람이 있습니다"라고 내가 신탁을 부정하고 반박할 수 있을 것이라 믿었기 때문입니다."(25-26, 21c)

이게 바로 편력의 시작이자 소크라테스 철학의 시작, 그러니까 서구 고전철학의 시작이었다. 바로 이때부터 그는 석공 일을 내던지고, 아테네 거리를 떠돌며 사람들을 붙잡고 논박을 시작한다. 그의 표현을 신뢰할 수 있다면, 편력의 목적은 단 하나였다. 자신보다 더 지혜로운 자를 찾아내는 것. 그러기 위해 지혜롭다고 알려진 사람들을 찾아가서 논박을 통해 그들의 지혜를 시험하는 것. 자신이 가장 지혜롭지는 않다는 사실을 증명하고자 자신의 모든 지혜를 사용하려는 어느 아테네인의 기이한 편력은 그렇게 시작된다. 서구 고전철학의 위대한 여정은 자신의 무지를 증명하려는 한 남자의 그와 같은 고집으로부터 시작되었던 것이다. 후에 라깡이 1960년과 1961년에 진행했던 세미나들에서 소크라테스를 위대한 히스테리증자라고 간주했던 이유도 바로 이 같은 태도에 있었다. 히스테리적 무의식으로부터 관찰되는 가장 전형적 태도, 즉 의심하고 부인하는 정신, 타자에 의해 주어진 좌표로부터 끊임없이 일탈하려는 성향이 관찰되기 때문이다.(히스테리의 구조에 대해서는 잠시 뒤에 집중적으로 다루어 질 것.) 그런 의미에서 소크라테스는 이중의 일탈과 방황 속에 있었다고 말해질 수도 있다. 그는 먼저, 신탁이 부여한 '가장 지혜로운 자'라는 명명에 반항하여 이탈하려 했으며, 이를 증명하기 위해 또한 그에게 이미 주어져 있던 석공으로서의 사회적 좌표와 그에 부여된 정치적 의무로부터도 일탈하는 편력을 시작하기 때문이다. 주체를 규정하려는 타자의 포획으로부터 도망치려는 히스테리적 욕망의 여정이, 소크라테스 자신에게는 고난[10]으로 간주되었던 그것이 그의 삶에서 시작되고 있었다. 그러한 방식

---

10 "나는 여러분에게 내 편력 이야기를 들려 주려는데, 그것은 말하자면 신탁이 부인할 수 없는 사실이라는 것을 확인하기 위한 헤라클레스의 12고역과도 같은 고난의 연속이었습니다."(27, 22a)

으로, 소크라테스는 어디에도 속하지 않는 존재, 인간의 세계와 신의 세계 모두로부터 일탈하여 방황하는 아테네의 유령이 된다. 그 어떤 지형-토포스topos로도 포획되지 않는 비非장소, 무소성無所性, 아토피아atopia에 속하려는 욕망이 시작되고 있었다. 그렇다면 바로 이것이 소크라테스의 욕망이 추구하여 드러내고자 했던 지혜였는가? 모든 것으로부터 자신을 감산하는 지혜? 빼돌림의 절차 속에서 무엇에도 사로잡히지 않으려는 태도? 아토포스의 지혜? 후에 플라톤을 평생토록 사로잡게 될 욕망에 관련된?

중상적, 타락의 지혜

　신탁 이후의 소크라테스의 삶이란 일종의 구멍, 또는 균열과 같이 되어버렸다. 그의 존재는 도시국가 아테네의 잘 다듬어진 문명이 만들어 놓은 지식의 매끄러운 표면을 떠다니며 여기저기를 오염시켜 헐겁게 만드는 역할에 몰두할 것이기 때문이다. 그는 아테네의 지식-권력이 정점을 이루는 장소들을 찾아갔고, 그곳에서 지식의 담지자로 가정된 정치인들, 철학자들, 예술가들, 부유한 상인들 등등과 논박을 했고, 그들이 논리적이지 못하다는 사실을 증명해 내는 방식으로 그들의 지식 체계에 구멍을 낸다. 당시의 아테네를 지배하고 있었던 지식의 체계인 동시에 이데올로기의 체계인 그것의 한가운데서 스스로 구멍이 되고자 했다. 말싸움의 대가 소크라테스와 마주한 지식은, 그것이 어떤 권위를 가진 것이든 종국에는 논박을 견디지 못하여 정지되고 마침내 폐기당할 숙명이기 때문이다. 매번의 논박이 끝난 소크라테스는 태연히 다음과 같은 말로 스스로를 위로했다.

"나는 분명 저 사람보다는 더 지혜로워. 우리 둘 다 남에게 자랑할
만한 것을 아무것도 모른다 해도 그는 자기가 모르는 것을 안다고
생각하는 반면 나는 모르면 모른다고 생각하니까. 아무튼 나는 내
가 모르는 것을 안다고 생각하지 않는 만큼은, 비록 미세한 차이
지만 내가저 사람보다 지혜로운 것 같아."(26, 21d)

　　여기서 소크라테스가 도달한 지혜 또는 앎이라는 것은 알지
못함에 대한 지식, 즉 무지에 대한 앎이다. 기이하게도 소크라테
스 자신이 아테네의 현자들에 대하여 주장하는 우월성은 그 어
떤 특정한 지식의 소유가 아니라 **무지의 소유**에 있었던 것이다.
그는 지식의 균열을, 부재를 알아보는 유일한 사람이었다. 그리
하여 우리는 소크라테스가 논박의 과정 속에서 도달한 장소가
'무지無知에 대한 지知'의 장소에 다름 아니었다는 사실을 이해
하기에 이른다. 그는 아테네의 지식인들이 주장하는 진리에 대
항하여 또 다른 진리를 불러온 것이 아니라, 진리가 그곳에 없
음을 밝혀내는 방식으로, 즉 무지에 대한 지를 드러내는 방식으
로 진리가 부재하는 장소에 도달한다. 아테네의 지식이 더 이상
정상적으로 작동하지 않는 장소. 고정관념의 지배가 몰락하는
장소. 패러다임의 장악력이 오류를 일으키는 장소. 그것은 하나
의 지식-질서가 붕괴되는 지점이라는 의미에서 균열의 장소이
며 증상의 장소이다. 여기서 '증상'이라는 표현이 의미하는 바
는, 마치 우리 몸의 신체적 질서가 기능장애를 일으켜 고통을 체
험하게 되는 사건과 유사한 상태를 가리킨다. 아테네라고 하는

도시-국가의 신체를 지배하던 패러다임의 안정적인 흐름이 정지되는 증상적 사태의 한가운데에는 언제나 소크라테스라는 인물이 존재했던 것이다. 바로 그런 의미에서 우리는 그의 지혜를 '증상적'이라고 부를 수 있게 된다. 아테네의 관점에서 본다면 소크라테스는 일종의 병원균과 같은 것이었고, 그가 야기한 혼란은 신체를 고통스럽게 달구는 고열과 같은 것이기 때문이다. 그는 아테네의 지식이 불완전하며, 그 누구도 이러한 지식의 균열을, 상처인 그것을 봉합할 수 없으리라는 사실을 증명하고 다니는 치명적인 바이러스와 같았다. 그 어떤 고정관념의 면역력이 시도하는 완고한 저항도 소크라테스의 논변 앞에서는 병든 세포처럼 시들어 버렸다. 소크라테스는 그렇게 암적인 존재, 도시의 관념을 병들어 타락하게 만드는 존재였다. 그가 신으로부터 부여받았다고 주장하는 가장 뛰어난 지혜란 그러한 방식으로 도시의 이데올로기를 죽음으로 몰고 가는 지혜였으므로, 모두가 그를 증오하여 사형을 선고하려 했던 이유가 이제 분명해진다. 그가 죽지 않는다면 아테네를 지탱하고 있던 상식의 관념들은 몰락을 면치 못할 것이기 때문이다. 소크라테스에 대한 아테네인들의 그토록 뜨거운 증오는, 이질적인 세균에 대한 면역열免疫熱처럼 스스로의 항상성을 지키고자 하는 도시-신체의 격렬한 저항과도 같은 반응이었다. 소크라테스에게 퍼부어진 야유와 조롱의 고함소리들은 도시-신체가 몰락을 거부하기 위해 몸부림치는 방어적 반응에 다름 아니었다. 이토록 격렬한 저항과 억압에도 소크라테스는 자신의 지혜를 주장하기를 멈추지 않는다. 지식의 실패가, 떠도는 공백의 유령이 그곳에 있음을 표지하기를 멈추지 않는다. 심지어, 죽음을 앞둔 바로 그 순간에도 그는 무지의 지를 증명해 내기 위해 마지막 사력을 다하는 듯했다. 증상이란 그런 것이니까. 억압하려 하면 더욱 집요한 방식으로 되돌아오는 것. 억압의 강도와 정비례하여 회귀하는 병적인 사태이니까. 아무도 말릴 수 없었던 소크라테스의 극성스런 지혜는 결국 죽음에 이르는 순간에도 스스로의 병적인 특성을 포기하지 않았던 것이다. 오히려 그 반대라고 할 수조차 있다. 그는 자발적으로 죽음을 욕망함으로써 결코 소멸하지 않는 텅 빈 지혜의 유령이 된다. 이후 아테네를 살아가야만 했던 그의 제자들과, 제자들의 제자들과, 그리하여 쉼 없이 연쇄될 철학의 전통 속에서 진리에 대한 욕망을 '영원히' 자극하게 될 공백의 유령.

소크라테스가 소유했다고 가정된 지혜의 정체를 탐사하려는 우리의 시도는 그렇게 해서 증상과의 교차점에 이르게 된다. 어떤 지혜는 증상적일 수 있으며, 그러한 방식으로 병적인 것의 범주에 포함될 수 있다는 인식이 이제 비로소 가능해지고 있다. 그런데, 이처럼 그 어떤 고정관념의 권력에 의해서도 결코 소멸하지 않는 증상적 지혜의 집요함이란 다름 아닌 균열 또는 공백에 대한 욕망이라고 할 수 있지 않을까? 정신분석의 이론이 죽음충동의 범주에 귀속시키는 욕망의 특수한 유형이라고 규정할 수 있지 않을까? '무지에 대한 지혜'라는 소크라테스적 기표를 '공백을 향한 욕망'이라는 라깡적 기표로 대체하는 가능성. 또

는, 라깡이 강조하듯 대상 없는 욕망, 순수한 욕망, 무소성의 욕
망이라 할 수 있지 않을까?[11]

　가는 김에 조금만 더 멀리 가 보자. 증상적이란 표현을 넘어서
타락이라는 속성에 접근해 보도록 하자. 아닌 게 아니라 소크라테
스의 죄목이 그것이었으니, 그의 지혜는 젊은이들을 타락시킨다
고 비난받고 있었으니 말이다. 사태는 명백하다. 증상을 야기하는
병원균은 신체를 타락시킨다. 특히 그것은 아직 면역체계가 완고
하게 여물지 못한 지점들로부터 타락의 작업을 시작한다. 증상적
지혜, 그러니까 병적인 지혜의 소유자였던 소크라테스에게 선고
된 죄목이 "젊은이들을 타락시킨다"는 비난이었음은 허튼 소리가
아니었던 것이다. 그는 실제로 그러한 타락이 보다 효과적으로 일
어날 수 있도록 노력했다. 플라톤이 『향연』에서 묘사한 소크라테
스는 제자들의 사랑을 어떻게 더 잘 받을 수 있는지 잘 아는 인물이
다. 그는 단지 증상적이며, 그래서 병적인 지혜의 소유자일 뿐만 아
니라 그러한 지혜가 보다 잘 전염될 수 있도록 그것을 매혹적으로
만들 줄도 아는 자였다. 그러니까, 소크라테스의 지혜는 쉽사리 전
파되어 젊은이들을 오염시키는 역능을 가진 것이고, 바로 이러한
사태에 기겁한 아테네의 현자들이 그를 고발하기에 이른 것이라
고도 할 수 있다. 미친 듯이 진리가 무엇인지를 캐묻고 따져드는 막

11　라깡은 1960년대 초의 세미나들에서 대상 없는 욕망에 관하여 이야기한다. 또한
1961년의 세미나들에서는 소크라테스의 욕망을 욕망의 무소성이라 묘사한다. 그것은 순
수한 욕망이며, 욕망의 자리 그 자체일 뿐인 욕망이다.

무가내의 노인을 멈추게 하지 않는다면, 그를 모방하는 젊은이들이 난립할 테고, 도시가 타락하는 것을 막을 수 없게 될 것이다. 증상적 지혜를 소유한 자를 막지 않는다면, 증상은 온 도시 전체로 퍼져나가 몰락을 초래하게 될 것이었다. 그러니까, 소크라테스에게 선고된 죄목과 형량은 도시의 관점에서는 정당한 것이다. 아테네는 다른 모든 도시와 국가가 그러하듯, 다른 모든 자아와 신체가 그러하듯, 증상에 대해서 자신을 방어했을 뿐이다. 타락을 허용한다면 퇴락이 시작될 것이고, 몰락이 닥쳐올 것이기 때문에. 그리하여 자신의 '항상성'을 유지하기 위한 국가의 자아ego와 이것을 타락시키러 오는 증상의 싸움이 시작된다. (이미) 존재하는 것들의 질서가 (아직) 존재하지 않는 유령의 침노에 저항하기 시작했던 것이다. 존재하는 것들에 관한 지식이 존재하지 않는 것에 관한 지식, 즉 공백에 관한 앎을 주장하는 소크라테스를 공격하기 시작한 것이다. 존재와 비존재의 투쟁. 이것은 단지 이미 존재하는 고정관념과 새롭게 등장한 지식 사이의 싸움이 아니었다. 그보다는, 아테네의 법과 소크라테스적 증상의 대립은 로고스적인 것과 병리적인 것의 대립에 더 가깝다고 해야 한다. 왜냐하면, 소크라테스가 대항하여 싸운 것은 언어에 의해 지탱되는 관념들의 세계이며 그들의 고정점들이었던 반면에, 소크라테스 자신이 내세운 것은 무지, 즉 결여 그 자체이기 때문이다. 그는 지식의 존재에 대항하여 지식의 부재를 진리로 설정하고 있지 않은가?[12]

---

12 타락에 관한 우리의 논점은 조르조 아감벤이 나태에 관하여 말했던 다음의 문장과 직결된다. "나태한 인간의 타락은 대상은 원하면서도 그것에 이르는 길은 원하지 않는 욕망

법의 문제 1: 언어에 의한 신체-국가의 상징화

증상적 지혜, 타락의 지혜 또는 병리적인 것, 즉 나쁜 것에 관하여 말했으니, 그 반대편의 것도 이야기해 보자. 좋음, 훌륭함 또는 건강함에 관하여. 훌륭함이나 건강함의 개념은 이미 『변론』에서 언급되고 있다. 이것은 젊은이들을 타락시키는 사악한 지식이 아니라 훌륭하게 만드는, 그리하여 국가를 훌륭하게 만드는 힘이다. 젊은이들을 타락시킨다고 비난받는 소크라테스는 이에 대해서 다음과 같이 질문하고 있다.

"말해 보시오. 누가 젊은이들을 더 훌륭하게 만들지요?"(32, 24d)

의 타락이다. 그는 욕망하면서도 욕망의 성취를 가로막는다."(『행간』, 윤병언 옮김, 자음과 모음. 35쪽) 그런 의미에서 나태는 이미 존재하는 경로를 통해 진리에 다가서는 것을 거부하는 마음이다. 그것은 진리에 대한 욕망이 다른 방식으로 실현되기를 기대하는 마음이기도 하다. 여기서 나태와 타락은 동의어이다. 같은 책 같은 곳에서 아감벤이 달아놓은 각주의 구절이 이를 반증하고 있다. "나태함과 욕망의 밀접한 관계, 따라서 나태함과 사랑의 관계는 중세 심리학이 이루어낸 가장 천재적인 발견 중에 하나다. 이는 나태함의 본질적인 이해를 위해 필수적인 요소가 된다. 바로 이러한 관계성이 왜 단테가(『연옥』 18곡) 나태함을 하나의 사랑의 형태로, 정확히 말해 '선을 향해 우왕좌왕하며 다가가는che corre al ben con ordine corrotto' 사랑의 형태로 보는지 설명해 준다."

　　이것은 소크라테스가 자신을 타락의 주범으로 고발한 멜레토스에게 공개적으로 던진 질문이다. 당시 재판에서는 이처럼 피고가 원고에게 질문을 던지거나 논박에 끌어들일 수도 있었던 것으로 추측된다. 그렇지 않다면, 변론 과정에서의 멜레토스의 우둔함을 강조하기 위해 플라톤이 사후에 각색한 것으로 가정해 볼 수도 있다. 그 진위 여부와 상관없이 우리는 이러한 질문이 소크라테스로부터 충분히 제기될 수 있었을 것이라는 관점에서 대화의 내용을 살펴보도록 하자. 변론의 시작에서부터 소크라테스는 자신의 어법이 법정의 형식을 따르지 않을 것이라고 말하고 있었다. 그는 자신이 거리에서 철학을 설파하던 스타일 그대로 변론을 진행할 것을 예고하고 있었으며, 이처럼 갑작스레 질문을 던지는 것은 그 자신의 문답법에 가장 어울리는 전략이기도 하다. 그렇게 묻는 소크라테스의 질문에 당황한 멜레토스는 다음과 같이 대답했다고 플라톤은 기록하고 있다.

　"법률이요." (32, 24d)

　　당황한 무의식이 진실을 말한다. 멜레토스의 관점에서 보자면 법률이란 현재의 아테네를 지탱하는 고정관념의 가장 공인된 표현이기 때문이다. 민주정체이던 아테네에서 법률은 참주나 과두정체의 독재자들이 하듯 제 맘대로 정할 수 있는 것이 아니었다. 법률은 아테네 공동체의 관념들 중에서 동의된 관념들, 그 타당성이 상식과 논리에 근거하여 어느 정도 증명된 관념들의 표현이다. 바로 이 법률이 젊은이들을 훌륭하게 만든다는 논리는 일견 타당하다. 그러나 소크라테스는 답답한 듯 다시 이렇게 묻는다.

> "이봐요, 내가 묻는 것은 그게 아니라, 그대가 말하는 법률 지식을 최우선으로 생각하는 사람이 누구인가 하는 것이오."(32, 24d)

소크라테스는 주체에 관하여 묻고 있는 것이다. 누가 법률에 가까운 사람들인가? 즉, 누가 건강함과 훌륭함의 부류에 속하는 사람들인가? 그리하여 누가 그러한 훌륭함을 욕망하고 또한 전파시킬 수 있는 자들인가? 그러자 멜레토스는 이렇게 대답한다.

> "여기 이 배심원들이오, 소크라테스!"
>
> "무슨 말이지요, 멜레토스? 이분들이 젊은이들을 교육해서 더 훌륭하게 만들 수 있다는 말인가요?"
>
> "그렇고 말고요."
>
> "이분들 전부가 그런가요, 아니면 일부는 그렇고 일부는 그렇지 않은가요?"
>
> "전부요."
>
> "헤라에 맹세코, 참으로 반가운 소식이로군요. 도움을 줄 수 있는 사람들이 그토록 많다니 말이오. 그럼 이건 어떤가요? 이들 방청객들은 젊은이들을 더 훌륭하게 만드나요, 아니면 그렇지 않나요?"

"이분들도 그렇게 하지요."

"그럼 평의회 회원들은 어떤가요?"

"평의회 회원들도 그렇게 하지요."

"그렇다면 멜레토스여, 민회에 참석하는 개별 회원들도 젊은이들을 타락시키지 않겠지요? 그들도 모두 젊은이들을 훌륭하게 만드나요?"

"그분들도 그렇게 하지요."

"그렇다면 나를 제외한 모든 아테나이인이 젊은이들을 좋고 훌륭하게 만드는데, 오직 나만이 젊은이들을 타락시키는 것 같군요? 그대의 말은 그런 뜻인가요?"

"내 말은 전적으로 그런 뜻이오."(32-33, 24e-25a)

원고 멜레토스의 이 같은 발언이 가진 의미를 복잡하게 생각할 필요는 없을 것 같다. 그가 말하는 훌륭함의 형상이란 도시민들, 특히 재판과 민회에 참여할 수 있었던 남성들의 것이다. 도시를 지배하는 구성원들의 상식을 지배하는 남성적 언어. 혹은, 뒤집어 말한다면, 도시를 지배하고 있는 지배적 상식의 언어-법이 구성원들에게 강제하는 올바름의 형상과 같은 것. 바로 이러한 훌륭함을 타락시키는 것이 병적인 사유이고, 증상적 지혜라면 훌륭함이 자신을 보존하는 방법은 그와 같은 무지에 대한 지의 전염을 막는 것이다. 그리하여 타락한 상태로부터 도시-신체를 건강함의 상태로, 정상적 상태로 되돌리는 것이라고 할 수 있다. 지금 법정에서 벌어지고 있는 소크라테스의 재판이야말

42

로 그러한 되돌림의 시도이다. 소크라테스가 소유한 공백에 대한 지식으로 말미암아 초래된 지배적 언어의 손상을 회복하려는 시도. 그리하여 통제할 수 없었던 젊은이들의 초과하는 욕망이 다시 안정을 되찾게 하는 것.

그런 의미에서 건강함이란 지배적 언어-질서가 신체(국가)의 표면을 흐르는 욕망의 유동성을 효과적으로 억압하여 통제하고 있는 상태를 말한다고도 할 수 있을 것이다. 지배자의 법률이 공동체 구성원들의 충동을 압도하여 제어하고 있는 상태. 정신분석에서는 이러한 상태를 소외aliénation라고 부른다. 이것이 소외라는 부정적 용어[13]로 표현되는 이유는, 신체를 위협하는 증상적 충동을 포기한 상태, 과도한 쾌락으로 간주되는 그것으로부터 멀리되는 상태, 위반의 기회들을 빼앗긴 상태이기 때문이다. 신체가 질서 잡혀 있다는 것은, 흘러넘치는 욕망의 흐름으로부터, 파토스적인 것으로부터 거리를 유지하고 있다는 사실을 의미하기 때문이다. 이로부터 파생되는 결과는 안정이며, 조화의 상태에 도달했다는 환상이다. 이것이 환상인 이유는, 언어에 의한 신체의 온전한 장악이 결단코 불가능하기 때문이다. 실증과학의 이상인 '언어와 사태의 일치'가 어떻게 매번 배반당하는지를 보라. 언어 쪽에서는 자족적 완결성을 실현할 수 없고, 사

13　소외는 정신분석의 용어이다. aliénation의 사전적 의미는, 양도, 포기, 넘겨줌이다. 이 단어는 또한 광인을 지시하는 용어로도 쓰인다. 자신의 이성을 포기한 상태라는 의미에서 그렇게 쓰인 듯하다. 우리의 논의가 이후 다루게 될 consegna 즉 넘겨줌이라는 용어와 대립되어 비교될 개념이다.

태 쪽에서는 언어에 대한 환원 불가능한 이질성을 제거할 수 없다. 엎친 데 덮친 격으로, 법의 금지는 그 자체로부터 위반의 충동을 촉발한다. 로마서 7장 7절에서 바울이 말하듯 죄를 죄로서 촉발시키는 것은 율법에 다름 아니다. 즉 "율법으로 말미암지 않고는 내가 죄를 알지 못하였느니. 탐내지 말라 하지 아니하였더라면 내가 탐심을 알지 못하였느니라."[14] 이를 종합하면, 법의 금지는 법의 불완전성으로 인해 실패하는 동시에, 또한 금지 자체로 인해 촉발되는 초과와 위반의 사태를 멈출 수 없다는 것이다. 법은 언제나 그와 같은 이중의 유출, 이중의 난국에 빠진다.[15] 물론, 언어의 의한 신체의 장악이라는 이상을 상상해 볼 수는 있다. 고전주의적 문명이 해 왔던 것이 언제나 그와 같은 망상이었으니. 그러나 이는 또한 쾌락의 관점에서 보자면 하나의 죽음[16]과 같은 것이다. 욕망이 통제된 핍진한 삶이 그러하기 때문이

---

14 이에 대해 라깡은 다음과 같이 말한다. "만일 도덕법이 여기서 어떤 역할을 할 수 있다면, 그것은 주이상스의 토대로서 사용되는 것인데, 그것은 죄가 사도 바울이 엄청난 죄악이라고 부르는 것이 되도록 만드는 것이다."(1960년 3월 23일 세미나) 요컨대, 주이상스를 죄악으로 만드는 것은 도덕법이지 주이상스 자체의 속성이 아니라는 것이다.

15 프로이트가 『문명 속의 불만』에서 논증했던 것이 바로 법의 이러한 모순성이다. 법의 지배를 강제하는 초자아는 그것에 복종하는 강박적 주체에게 결코 평온함을 선사하지 않는다. 법을 지키는 주체, 법에 복종하는 신체는 더욱더 자신을 채찍질하는 초자아의 공격에 노출되어 자신의 목을 조르게 된다. 그리하여 법의 지배는 자아의 몰락이라는 파국으로 치닫게 되는데, 이것이 바로 강박증자의 운명이며, 인간 문명의 운명이기도 하다는 것.(『문명 속의 불만』, 김석희 옮김, 열린책들, 2003. 참조)

16 욕망의 관점에서 소외는 죽음이다. 라깡이 말하는 첫 번째 죽음이 이것이다. 그것은 주이상스의 소멸이고, 신체의 언어화이며, 충동의 황폐화이기에 그러하다. 그런데, 역설적이게도 바로 이렇게, 소외로 인해 핍진화된 신체, 사막화된 신체는 증상의 유령이 출현하기에 최적화된 영토이기도 하다. 왜냐하면, 욕망에 대한 철저한 금지는 위반의 욕망을 더욱 부추길 것이기 때문이다. 법률에 의해 완전히 장악된 신체는 결코 잠들지 않고 위반의 유령들을 끝없이 상상하게 될 것이기 때문이다.

다. 매번 동일한 언어의 질서에 사로잡히는 삶의 반복을 상상해 보라. 법에 의해 완전히 통제된 사막 같은 공동체를 상상해 보라. 그곳은 무의식마저도 잠들어 버린 광물적 우주이고, 오직 퇴적층만이 그들의 역사를 간직하게 될, 법의 언어가 지배하는 얼어붙은 제국이다. 법의 이상이 추구하는 궁극의 속성인 유한성이 존재의 한계를 설정하게 되는 폐쇄된 세계관, 즉 코스모스의 우주가 그곳에 있다. 한편, 그러한 망상은 반대편의 낭만주의적 망상을 낳게 될 뿐이다. 일탈에 대한 멈출 수 없는 욕망.

이와 같은 양면적 구도 속에서 우리는 아테네 시민들이 생각하는 건강함의 상태와 소크라테스의 욕망이 야기하는 타락의 상태를 다시 조망할 수 있게 된다. 소크라테스를 고발한 자들은 국가의 욕망을 안정적으로 통제하여 그것의 초과를 최소화하는 상태를 건강함과 훌륭함이라고 생각한다. 법률이 훌륭함의 보증자라고 말했던 멜레토스가 의미하려 했던 바가 이것이다. 개인의 신체이건 국가의 신체이건 욕망을 통제하는 것은 모두 법률-언어적 권력이기 때문이다[17]. 반면 소크라테스는 이러한 건강함을 해치는 해악으로서, 시민들의 욕망을, 특히 젊은이들의 욕망을 공적인 언어의 질서로부터 초과하여 흘러넘치게 만든다. 따라서 고발자들은 법의 지배 속에서 욕망이 최소상태

---

17 법의 기원이 근친상간적 욕망에 대한 상징-법의 금지라는 사실에 대해서는 20세기의 학문들에 의한 동의가 있었다. 끌로드 레비-스트로스, 프로이트와 라깡, 그리고 르장드르의 동의가 그것이다.

를 유지하는 것을 훌륭함이라 부르고 있으며, 소크라테스는 법률의 언어에 구멍을 뚫는 방식으로 타락을 실행하는 자로서 욕망의 통제되지 않는 넘침을 야기하고 있다는 것이다. 평온은 건강함이며 훌륭함인 것이고, 혼돈과 초과는 위협이니까. 이러한 관점에서 신체의, 또는 국가의 욕망을 억압하는 질서와 가치는 일종의 필터-기능을 하는 것으로 이미지화해 볼 수 있다. 나아가, 정상과 비정상의 이미지 역시 동일한 차원에서 해석될 수 있다. 정상이라는 이미지는 국가의 지배 이데올로기가 만들어 내는 필터의 규격을 형성하고, 이를 통해 공동체의 욕망은 필터링, 즉 검열된다. 정상성, 건강함, 훌륭함과 같은 개념은 그렇게 욕망을 통제하여 규범화하는 권력의 이름들이다. 인간의 자아는 바로 이러한 권력의 고정점들을 중심으로 심리적 국경선을 확보하는 방식으로 안정성을 획득한다. 또는 권력의 고정점이 파생시키는 안정 상태 그 자체가 자아이다[18]. 국가도 정확히 동일한 구조 속에서 안정을 추구한다. 다형적polymorphe이던 집단적 욕망[19]의 카오스를 하나로 모으고 재단하여 공동체적 중심을 구

---

18   여기서 '자아'라고 말해지는 것은 지배적 관념의 반영으로 생겨난 개인 또는 집단의 형상을 가리킨다. 그것은 언어적 명령과 그로부터 파생된 이미지의 혼합물이다. 정신분석적 의미에서 자아는 상상계와 상징계가 교집합을 이루는 영역에 위치한다. 이것은 고착이며, 끊임없는 반복적 제자리 운동 속에 있다. 이것은 나를 나로 인식하도록 만드는 동시에, 내가 나라고 알려진 이미지에 사로잡힌 채 벗어날 수 없도록 만드는 나르시시즘의 중핵이다.

19   다형적polymorphe이란 표현은 프로이트의 것이다. 이것은 인간의 충동이 유아기에는 파편적이며 비정형적이라는 것을 의미한다. 쉽게 말해서 인간의 욕망이 남-녀 성별화되기 전에는 자기 자신의 신체를 흐르는 비결정된 충동에 사로잡혀 있었다는 것이다. 이러한 충동의 비문명성이 언어의 습득 과정에서 강제된 규범화에 의해 재편된 것이 바로 남-녀 관계의 욕망이다. 따라서 남-녀의 관계를 중심으로 구성된 성적 욕망의 관계는 문명적 허구이다. 라깡의 유명한 명제, "성관계는 없다Il n'y pas de rapport sexuel"가 의미하는 바

성해 내기 위한 자아의 작업은 개인의 미시적 차원이나 국가의 거시적 신체의 차원에서 동일한 패러다임을 형성하고 있기 때문이다. 어떤 의미에서 이것은 정치라는 개념 자체가 가진 두 가지 대립적 속성을 설명하는 구도라고 볼 수도 있다. 지금 소크라테스라고 하는 선동자 한 사람을 규탄하는 법정의 사태는 아테네의 정치적 신체를 안정화시키려는 강박적 욕망 속에서 사형을 선고하려고 한다. 반면, 소크라테스는 이에 대항하여 자신의 행동이 가진 정치적 정당성을 옹호하고 있다. 공적인, 그래서 정치적인 행동을 하지 않겠다고 선언했던 소크라테스의 삶[20]은 그러한 방식으로 오히려 가장 근본적인 정치적 장으로 깊숙이 진입해 들어가고 있었던 것이다. 왜냐하면, 정치란 결국 실재를 폐쇄함으로써 극단적으로 망상적인 항상성[21]을 고수하려는 지배언어의 권력과, 이에 반하여 실재에로 자신을 개방하는 방식으로 새로움을 도입하려는 증상적 사건 사이의 투쟁을 의미할 뿐이기 때문이다. 정치란 그렇게 나 자신을, 또는 우리 공동체를 장악한 언어와 그에 대항하는 초과적 욕망의 대립을 묘사

가 바로 이것.

20 소크라테스는 자신이 공적 정치 활동을 하지 않으려는 이유를 다이몬의 명령 때문이라고 밝히고 있다. 즉 정령의 목소리가 그에게 그것을 금지했다는 것이다.

21 항상성이란, 현재의 상태를 지속하려는 속성을 의미한다. 이것이 정치적 용어가 될 수 있는 것은, 현재의 상태를 지배하는 권력의 속성이 또한 항상성에 근거하기 때문이다. 이러한 정치적 표현은 거시적 차원에서, 즉 국가 공동체의 차원에서 권력의 고정점들을 형성하는 좌표들의 항상성에 대한 욕구로 이해될 수도 있지만, 그러나 다른 한편으로는 이 개념이 인간의 자아가 자신의 안정적 쾌락 상태를 유지하기 위해 과도한 쾌락의 유입에 오히려 방어하는 사태를 설명하기 위해 발명된 용어라는 사실을 유념하는 것도 필요하다.

47

하는 개념에 다름 아니다. 언어와 욕망의 대립, 또는 언어적 욕망과 증상적 욕망의 대립.[22] 현재의 상태를 지배하는 권력의 유한성과 그로부터 빠져나가려는 사건의 무한성이 대립하는 사태가 그것이다. 멜레토스가 말하는 훌륭함이란 그런 의미에서 현재의 권력이 상상할 수 있는 사태 중에서 가장 훌륭한 상태를 말하며, 법률은 그러한 상상에 기표를 제공하는 공적인 언어의 체계와 같다. 반면 소크라테스가 상상하는 훌륭함이란 아직 그것을 묘사할 단어가 존재하지 않는, 도래할 (비)상태, 권력의 입장에서는 '비상사태'에 다름 아니다. 그것은 근본적으로 불확정적이며, 미결정의 사태이며 불안의 사태이다. 만일 그렇지 않았다면, 소크라테스가 상상하는 훌륭함의 상태가 선명히 해명될 수 있는 것이었다면, 그는 법정에서 그렇게 했을 것이다. 그런 다음 501명의 배심원들의 상식에 호소하여 동의를 이끌어냈을 것이며, 갈채 속에서 그곳을 걸어 나갔을 것이다. 그러나 그런 일은 일어나지 않았다. 501명의 배심원들은 둘로 나뉘어 망설였다. 그것은 신념 속에서의 망설임이기보다는 당혹감의 표현에 불과했다. 그리하여 근소한 차이로 소크라테스에게 사형이 언도되도록 만들었던 상식의 분열이 재판정의 상황이 보여주는 현실이다. 그 누구도 소크라테스가 말하는 진리가 무엇인지 이해할 수 없었고, 소크라테스 자신도 그러하였다. 소크라테스가 상상

---

22 언어적 욕망, 즉 법의 욕망이라 해도 그 스스로 초과하는 속성을 가졌다는 사실을 잊지는 말자. 법은 스스로 초과하면서 자신을 붕괴로 이끄는 속성, 즉 강박증자의 파멸이 증명하는 속성을 갖기 때문이다. 그런 의미에서 언어적 욕망과 초과적 욕망의 대립이란 양자 구분은 상호침투적이라고 해야 한다.

하는 진리는 현재의 논리로 접근할 수 없다는 바로 그러한 특징 때문에, 그와 같은 접근 불가능성의 속성으로 인해서만 위협적인 진리가 되기 때문이다. 소크라테스가 평생을 실천했으며, 지금 또한 법정에서 반복하고 있었던 행위 역시 바로 그러한 접근 불가능성의 체험, 즉 현시 불가능한 것의 현시이다. 그것은 또한 여기-이곳의 논리를 초과한다는 바로 그 사실 때문에 여기-이곳의 지식-권력을 넘어서는 힘을 가질 수 있다. 그가 말하는 진리는 소크라테스 자신을 비롯한 아테네의 모든 현자들의 지식을 초과하기 때문에 위협적인 것이다. 현재의 지식에 동의할 수 없기에, 그것과 교집합을 갖지 않기에 그것은 진리인 것이다. 소크라테스 자신도 오직 부정적인 방식으로만 묘사하여 욕망할 수 있었던 진리의 자리, 공백인 그것은 그렇게 법률의 관점에서는 초과이며, 잉여이며, 이질적인 대상이다. 이것이 훌륭함의 현재적 위상을 흔드는 타락인 것은 그 때문이다. 바로 그와 같은 사실을 고려할 때, 법률의 입장에서는 단지 소크라테스를 제거하는 것만이 목적이 아니게 된다. 그보다는, 소크라테스로 인해 출현한 균열의 봉합이 문제이다. 법률에 의한 재판의 절차란 그러한 봉합의 기능을 수행하는 것에 다름 아니다.

법의 문제 2: 진단과 봉합

그의 고발자들이 소크라테스라는 눈엣가시 같은 존재를 암살하는 대신 기소한 것은 재판이라는 로고스적 판결 장치를 통해 공동체에 야기된 불안을 봉합하여 해소하려는 목적이 있었기 때문이다. 지식의 체계에 균열을 만들어 내는 곱등이 같은 존재였던 소크라테스를 법정 담화라는 최고 권위의 지식을 통해 명명하려는 의도가 그들에게 있었다. 언제나 문제를 일으키던 소크라테스라는 인물 역시 법률 앞에서는 다른 모든 위반자들이 그러하듯 무능할 뿐이며, 죄명을 선고받음으로써 최소한 그를 추종하던 젊은이들을 사로잡는 아갈마의 신비적 아우라를 상실하게 될 것이라는 사실이 입증되어야 한다. 그 역시 다른 많은 소피스트들과 다를 바 없는 그저 그런 인물, 언제나 있어 왔던 소란스런 선동자였다는 사실이 밝혀져야만 한다. 이를 위해서는 법률 용어를 통한 명명, 즉 이름을 붙이는 행위가 재판의 핵심이다. 소크라테스라는 인물은 도무지 이해할 수 없는 행동을 일삼는, 설명할 수 없는 욕망의 소유자이지 않는가? 그의 존재가 그리는 삶의 궤적은 이중의 일탈이지 않는가? 그리하여 유령과 같은 삶을 살았던 소크라테스로부터 불안을 느끼기 시작한 아테네가 그를 고소한 것이지 않는가? 바로 그런 의미에서 재판은 소크라테스의 이름 없는 욕망이 생산해 내는 불안을 잠재우기 위해 그것에 죄명을 선고하고, 논증하는 방식으로 그의 아토포스적 편력을 중지시키려는 목적을 가진 것이었다. 초과하는 욕망의 비규정성을 기존 지식의 규정성의 범주로 끌고 들어온 뒤에 그에 대하여 명명하면서 다음과 같이 말하려는 것이다.

"이제 우리는 소크라테스라는 자가 원하던 것을 알게 되었다. 그것은 도시가 믿는 신이 아닌 다른 신을 추종하는 것이며, 그런 의미에서 도시를 배반하는 것이고, 이러한 배반에 멋모르는 젊은이들을 끌어들이려 했던 것이다. 그 역시 국가의 다른 모든 배반자들과 똑같은 죄를 지었음을 이제 명백히 알게 되었다!"—라는 선언. 바로 이것이 재판이라는 법적 실천이 갖는 가장 중요한 기능이다. 모든 초과적 욕망들을 이미 존재하는 이름들의 질서 내부로 포획하여 사로잡는 것. 실재의 초과를 포획하는 상징계의 표기. 이를 통해 공동체의 자아-항상성을 보존하는 것. 그러한 방식으로 공동체 내의 불확정적 사태들을, 즉 간단히 파악되지 않는 불투명한 사건으로서의 증상적 사태들을 고정관념의 언어로 다시 분절하여 봉합하는 것.

주의 깊은 독자들이라면 소크라테스의 재판에 대한 이러

한 필자의 해석이 정신의학의 치료 과정과 동일한 구조를 갖는
다는 사실을 이미 눈치챘을지 모른다. 이 책의 처음부터 필자
는 플라톤을 따라서 개인의 신체와 국가의 신체를 동일한 패러
다임 속에서 은유할 것이라고 밝히지 않았는가? 그런 관점에서
우리는 재판이라는 사회적 행위가 정신의학의 의료 행위 속에
서 증상에 대한 진단과 처방이라는 실천의 거시적 반복이라는
사실을 이해할 수 있다. 정신병원을 찾아온 환자의 증상에 대하
여 의사가 어떻게 행동하는지 주목해 보라. 의사는 자신이 속해
있는 지식 공동체의 권위에 의존하여 환자의 증상을 명명하고,
그것에 관여된 해석을 제시한다. 예를 들어, "환자분의 증상은
우울증입니다. 세로토닌의 수치가 줄어든 것을 보면 알 수 있
지요"라고 판결한다. 또는, "이 아이의 전두엽이 작은 걸 보니
ADHD, 즉 집중력 결핍 및 과잉행동장애입니다"라고 판결하기
도 한다. 환자의 마음을 흔들어 불안하게 만들며, '정상적'이라
고 알려진 삶의 양태들로부터 일탈하게 만드는 증상들에 관하
여 정신의학은 언제나 이와 같은 판결을 실천해 왔다. 만일 환
자가 이의를 제기할 경우, 의사는 자신의 의사면허증과 출신 학
교를 권위의 증거로 제시할 수도 있다. 물론 그러기 전에 의사
는 현대 정신의학을 지배하는 DSM 시리즈[23]의 두터운 물신적
지식 체계를 펼쳐 놓음으로써 환자의 의심을 간단히 압도해 버
릴 수도 있다. 바로 그런 의미에서 라깡은 정신의학에서의 처방

---

23 한국 정신의학계가 정신병 진단 기준으로 사용하는 것은 미국의 DSM(정신장애 진단
통계 편람)이다.

전이란 마치 최후의 심판과 같은 것이라고 비꼬기도 했었다.[24] 왜냐하면, 마음의 세계 속에 출현하여 교란을 일삼는 증상이라는 것을 의학 지식에 의존하여 규정하고 판결하는 처방전의 상징적 행위는 자신의 권위를 확보하기 위해 그것이 마치 최종적 판결인 듯 주장하기 십상이기 때문이다. 하지만, 그 어떤 진단과 처방전도 최후의 심판이 될 수는 없다. 왜냐하면 심리적 증상은 결코 현재의 언어로 온전히 규정될 수 있는 사태가 아니기 때문이다. 나아가 마음의 세계를 뒤흔드는 심리적 증상, 흔히 심인성이라 불리는 사태는 법의 억압으로부터 파생되는 2차 효과로서의 균열, 즉 기원적 억압의 실패일 뿐 그 자체로 독립된 기원적 원인을 갖지 않기 때문이다[25]. 그것은 라깡이 실재라 부르는 것으로서, 근본적으로 유동적이며 일탈적인 충동에 다름 아니다[26]. 그에 대해서 재판을 통해 죄명을 부여하려는 모든 정신의학의 시도는 증상의 집요한 회귀를 통해 그 실패가 증명될 것이고, 실제로도 그러하다. 물론, 이에 대해서 현대 정신의학은 또 다른 병명을 끝없이 발명해 내는 방식으로, 법의 리스트

---

24 1960년 6월 22일 세미나.

25 증상의 원인 문제에 관하여 라깡은 다음과 같이 논한다. "원인은 법칙과 구분됩니다. 법칙은 하나의 연쇄 속에서 결정 작용을 수행하는 어떤 것이지요. [⋯⋯] 반면 원인에 대해 말할 때 거기에는 언제나 반ợ개념적이고 규정되지 않은 무언가가 있습니다. [⋯⋯] 거기에는 어떤 구멍이 있고 그 틈새로 무언가가 혼들릴 뿐이지요. 요컨대 뭔가 잘못된 것에만 원인이 있다는 겁니다."(1964년 1월 22일 세미나). 여기서 라깡이 말하는 '잘못된 것'은 법에 의한 억압의 실패를 의미한다.

26 정신 질환에 대한 원인론에 관하여서는 생물학적인 것과 충동의 억압장애라는 두 가지 병인이 있을 수 있다.

를 확장시키는 방식으로 대응하리라는 것 역시 분명하다. 그리하여 DSM의 지식 체계가 지금의 5번째 개정판으로 끝나지 않을 것이라는[27] 사실을 누구도 부정할 수 없다.

필자가 여기서 정신의학의 모순에 관한 심리학계와 정신분석 학계의 비판을 소개하면서 소크라테스 재판의 해석으로부터 이탈하는 것에는 나름의 이유가 있다. 우리가 그의 지혜를 증상적인 것이라 간주하였고 어떻게 그러한지 논증하게 된 만큼, 그것에 대한 판결의 과정은 정신의학이 심리적 병으로서의 증상을 다루는 절차와 정확히 동일한 구도를 취하기 때문이다. 그것은 원래 질서를 갖지 않는 대상 또는 비대상이라고 해야 할 것에 대한 질서의 부여라는 구도이다. 또한 그것은 현재의 질서를 붕괴시킬 수도 있는 체계 내의 균열에 대하여 현재의 지식과 그 권력이 반응하는 과정을 동일하게 보여준다. 그런 의미에서 소크라테스의 재판은 더 이상 개별적 사건이 아니라, 이미 어떤 종류의 패러다임을 구성하고 있다고도 말해질 수 있다. 그것은 증상적 (비)존재가 지배적 고정관념의 존재 질서에 의해서 다루어지는 패러다임에 관한 것이며, 또한 증상적 (비)존재가 그러한 체계의 방어를 넘어서는 절차에 관한 패러다임이기도 하다. 이후

---

27 DSM은, 단지 의학적 담론의 지배적 언어가 생산해 낸 산물이 아니다. 그것은 자본주의 담론과 결합한 결과물이다. 제약산업의 영향력으로부터 결코 자유로운 의학 담론이 아니기 때문이다. 바로 그런 의미에서 DSM이란 전적으로 지배적 패러다임의 영역에서 작동하는 종합적 담론이라고 말해질 수 있는 것이다. 그것은 의료적 현실이라는 개별적 영역에 고립된 담론이 결코 아니다.

의 역사 속에서 소크라테스의 재판이 반복되고 있었다는 사실
에 주목해 보라. 빌라도에 의한 예수의 재판이 그 대표적 사례이
다. 갈릴레이에 대한 종교 재판. 스피노자에 대한 파문 결정. 보
들레르의 재판도 마찬가지이다. 또는, 혁명주의자나 민주인사
를 단순한 불순분자로 규정해 왔던 독재 권력의 재판들은 어떠
한가? 이처럼 증상과 그에 대한 판결의 역사는 하나의 패러다임
을 형성하면서 21세기인 오늘날에 이르기까지 지속되고 있지
않은가? 심지어, 이 책의 필자가 깊이 의존하고 있는 자크 라깡
역시 국제 정신분석학회로부터 파문되고 축출되었음을 상기해
본다면, 증상적 사건과 그에 대한 재판이 패러다임을 구성한다
는 사실이 어떤 의미를 갖는지에 관한 이해가 가능해진다.

이제 다시 멜레토스의 대답으로 돌아가 재판의 의미를 다시
짚어 보도록 하자. 젊은이들을 훌륭하게 만드는 것은 법률이며
그것의 선명성이다. 법의 언어는 모호함을 허용하지 않는다. 그
에 반하여, 소크라테스의 지혜는 공백에 관한 것이며 이로부터
모호함이 출현한다. 그를 고발했던 멜레토스 일당조차도 소크
라테스의 죄가 정확히 무엇인지 설명할 수 없었던 이유가 여기
에 있다. 소크라테스는 당시 아테네의 법률이 금지하는 항목을
위반한 것이 아니라, 그러한 법률 자체를 초과하는 행동을 보여
주었던 것이기에. 그의 고발자들은(사실을 말하자면 소크라테스 자
신 또한) 그의 죄가 정확히 무엇인지 이해할 수 없었다. 그리하여
아테네의 법정은 피고의 변명을 요구한다. 재판은 피고 자신의

죄를 스스로 분명히 할 것을 요구하고 있다. 이에 대해 소크라테스가 보여주었던 변론의 담화는 법정의 기대를 간단히 저버리고 있다. 이미 언급한 대로, 소크라테스는 법률의 용어를 사용하여 자신의 죄를 변호 또는 인정하는 대신 거리와 광장을 누비며 사용했던 철학의 문법을 그대로 사용한다. 다음과 같이 말하며.

> "나는 또한 여러분에게 간절히 부탁하고 싶은 것이 하나 있습니다. 아테나이인 여러분! 장터의 환전소에서 내가 말하는 것을 들은 분이 많겠지만, 내가 그곳이나 그 밖의 다른 곳에서 늘 쓰곤 하던 논리로 나를 변호하더라도 놀라지 말고, 그 때문에 나에게 야유를 퍼붓지 말아달라는 것입니다. 그 이유인즉, 나이 일흔이 넘었지만 내가 법정에 출두하기는 이번이 처음이기 때문입니다. 그래서 나는 이곳에서 쓰는 용어에는 말 그대로 이방인입니다."(17, 17c-17d)

소크라테스는 지금 법정의 용어, 공적인 문법에 대하여 이방의 문법을 도입하여 말할 것을 고집하고 있다. 그러나 심판관과 배심원들, 그리고 방청을 위해 모인 청중들이 원하는 것은 그의 사적인 문법이 아니라 공동체의 문법, 또는 공동체를 지배하고 있는 고정관념의 문법에 의한 변론이다. 그들이 원하는 것은 개별성이 아닌 보편성이며, 아테네의 보편적 문법이 허용하는 표현들인 것이다. 법률은 확인되지 않는 욕망의 발화를 허용하지 않기 때문이다. 법률의 공적인 담화는 소크라테스의 사적인 담화를, 법정에서 개인사를 늘어놓는 언변을 좋아하지 않는다. 사론을 정론화하려는 소크라테스의 시도는 비난받을 뿐이다. 여기서 우리가 주목해야 하는 것은 소크라테스가 마지막 순간까지 자신의 말투를, 사적인 문법을 고집한다는 사실이다. 그는 법의 강박증적 언어에 대항하여 자신의 모호한 문체를, 법의 입장에서는 어법이라 보기 힘든 어투를 바꾸려 하지 않고 있다. 저들이 사용하는 공적 언어를 통해 자신을 변호하지 않는다면 감수하게 될 위험에도 아랑곳없이. 사형선고의 위협 앞에서 자신의 무죄에 관한 법률적 논증에 이토록 무심할 수도 있는가?

법의 문제 3: 강박증

재판에 관하여, 또는 의학의 진단과 판결에 관하여 앞서 언급했던 내용을 병리적 차원에서 정리하기 위해 우리에게 필요한 진단명은 강박증이다. 프로이트-라깡 정신분석 임상의 범주 구분에서는 소위 정상인이라고 불리는 인간 일반의 심리구조를 '신경증'의 구조라고 부른다. 신경증이란 욕망의 억압을 통해 기능하는 마음의 구조인데, 프로이트가 보기에 인간 일반의 마음의 구조가 그러한 억압을 바탕으로 형성되어 있기 때문이다. 신경증의 하위 구조로는 크게 강박증과 히스테리가 있다. 마음의 일반적 경향이 자기 자신의 충동과 욕망에 관하여 거부하고 억압하는 것이라면, 강박증이란 특히 그러한 억압이 과도하게 작동하는 증상을 보인다. 반면 히스테리는 그러한 억압의 실패를 쉽사리 허용하는 마음의 구조라고 할 수 있다. 일견 복잡하게만 들리는 이러한 범주 구분에 혼란스러워 할 필요는 없을 것 같다. 다음과 같은 간단한 이미지로 인간의 심리를 설명하는 것이 프로이트-라깡 정신분석의 본질이기 때문이다. 즉, 인간은 자신의 쾌락-충동을 그대로 받아들이는 대신 강하게 억압하는 본성을 갖는다는 것이며, 이러한 억압이 병적일 정도로 과도하게 작동하는 것을 강박증의 증상, 반대로 실패를 반복하는 것을 히스테리의 증상이라고 보면 된다. 바로 그런 의미에서 인간의 마음은 '정상적'인 상태를 갖지 않는다. 왜냐하면 이미 억압을 통해 쾌락에 관하여 강박증적인 경향을 보이는 것이 인간 그 자체이며, 이러한 억압의 실패를 즐기는 것이 또한 인간 문명의 병적인 모습이기 때문이다. 따라서, 강박과 히스테리 사이를 오락가락하는 인간의 마음은 조화와 평온의 상태에 결코 도달할 수 없을 것이라는 의미에서 그 자체로 병적이다.

정신분석의 이러한 가설을 이 자리에서 소개하는 것은 재판과 법률이라는 제도의 권력이 가진 병적인 속성을 설명하기 위해서이다. 다시 말해서, 로고스가 가진 파토스적 속성을 설명하기 위해서인데, 이로부터 독자는 갑작스런 혼돈을 경험하게 될수도 있다. 왜냐하면, 로고스와 파토스, 즉 '언어적 지식의 이상'과 '감각적이고 병적인 것'의 대립이라는 관점에서는 파토스적 로고스라는 표현 자체가 형용모순이기 때문이다. 로고스의 고유한 속성이란 우선 먼저 파토스적이지 않다는 규정에 있지 않은가? 그것이 언어적이며 논리적이고 나아가서 정신적이라는 의미에서 로고스는 파토스적일 수 없는 것이기 때문이다. 감각적이며 또한 상대적이고 그래서 결코 영원할 수 없는 속성을 가리키는 파토스라는 용어는 로고스를 설명하는 형용사가 될 수 없어 보인다. 둘은 서로 대립되는 개념이다. 그럼에도 필자는 법률과 로고스의 이상이 병적인 것이라는 설명을 강박증에 근거하여 논증하려는 것이다. 왜냐하면 로고스라는 것, 즉 이성적 질서이며 언어적인 논리인 그것은 충동을 억압하려는 인간 심리의 강박증적 소산에 다름 아니라는 사실이 프로이트에 의해 밝혀졌기 때문이다.[28] 질서를 추구하는 마음, 영원히 변하지 않는 정신적 실체가 존재한다는 믿음, 이성적 언어의 도움으로 그와 같은 영원성에 도달할 수 있을 것이라는 신념은, 바로 그러한 항구적 안정성이 존재하지 않는 현실에 대한 심리적 방어에 다름 아니다. 그리고 이러한 심리의 방어는 언제나 도를 지나치는 방식으로 병적인 것이 된다. 욕망의 카오스에 대한 방어로서 등장한 질서에 대한 맹목적 추구는 스스로 무거워지는 방식으로 침몰할 운명이다. 법은 그렇게 자신의 정당성을 맹신하는 가운데 원래의 목적이던 심리적 또는 사회적 안정 상태를 훼손한다. 라깡의 표현대로 "질서가 제 목을 조르는" 사태가 초래된다. 소크라테스의 재판이 벌어졌던 아테네의 현실이 바로 그와 같았다. 펠로폰네소스 전쟁의 패배 이후 아테네는 자신들의 무너져 가는 정체성을 회복하여 과거의 제국으로서의 영광을 되찾기 위해 전통과 법의 중요성을 강조하기 시작했다. 한편 소크라테스의 욕망은 이처럼 지켜야 하는 도시의 전통을 위협하는 것으로 비추어졌다. 그리하여 소크라테스에게 사형을 선고하는 아테네

---

28 그 대표적 사례에 대한 아주 구체적인 동시에 우아한 묘사가 바로 프로이트의 '늑대인간'에 관한 연구 사례이다.

의 법정은 법의 절차가 보여줄 수 있는 강박증의 증상을 남김없이 드러내고 있었다. 펠로폰네소스 전쟁의 패배 이후 잠시 과두정체의 독재를 경험했으나, 이내 민주정체를 회복했던 아테네는 민주주의 체제의 가장 커다란 자산이었던 자유로운 사상의 표현을 스스로 억압하여 질식시키고 있지 않은가? 민주주의의 정교한 다수결 제도가 다수 의견의 존재 가능성이라는 민주주의 이상의 말살을 위해 기능하고 있지 않은가?[29] 안정을 추구하는 법의 강박증이 스스로 안정 상태로부터 멀어지고 있지 않은가? 바로 그런 의미에서 법은 강박증적이다.

법의 엄밀한 규정은 개인의 미시적 차원에서 사회 공동체의 거시적 차원에 이르기까지 셈하여 규정하는 기능에 있다는 사실에 다시 주목해 보자. 법이란 사회질서를 유지한다는 상식적 견해에 봉사하기 이전에, 우선 공동체 내에서 유통되는 모든 종류의 욕망을 구분하고 분류하여 선명하게 규정하는 기능을 갖는다. 법은 무엇이 올바른 욕망이며, 또한 무엇이 위반의 욕망인지를, 만일 그렇다면 얼마만큼의 위반인 것인지를, 최고선으로부터 그것이 얼마만큼 타락해 있는지를 세세히 측정하여 구분

---

29 아테네 민주주의의 가장 핵심적 가치는, 국가의 중대사에 평등한 투표권을 행사하는 것이 아니다. 투표권을 행사하기 전에, 자신이 지닌 의견을 표현하고 설득할 권리를 갖는 것에 있다. 투표권의 행사는 그러한 사상의 자유에 대한 최종적 표현에 불과하다. 따라서, 아테네 민주주의의 가치는 사유에 대한 평등한 접근의 권리이며, 마찬가지 의미에서 지배적 사유로부터 벗어날 수 있는 권리의 행사에 있다.

한다.[30] 보다 엄밀히 말하자면, 욕망의 대상들이 가진 합법성을 선명히 함으로써 그것들의 유통 가능성과 경로를 결정한다. 그 러한 방식으로 법의 목적은 욕망에 관련된 모든 사태를 공적인 언어의 영역으로 귀속시키는 데에 있다. 이를 달리 표현한다면, 법이란 욕망을 언어적인 것으로 번역하는 데에 있다고도 할 수 있다. 여기서 언어라고 말해지는 것은 권력을 가진 공적인 언어 를 말한다.

법률의 언어는 그렇게 세계의 사물Ding을 산물Sache의 수준 으로 옮겨 놓는다. 여기서 사물과 산물로 표기를 나누는 방식은 라깡이 『세미나 7』에서 프로이트를 참조하며 진행했던 구분이 다. 이에 대한 논점을 우리의 논의 속에 적용시켜 본다면 다음 의 설명이 가능해진다. 만일 우리의 삶이 일차적으로 사물들과 관계를 맺으며 살아가고 있다면 그것은 아직 문명의 상태라고 볼 수 없다. 문명은 사물과의 직접적이며 충동적인 관계를 단절 시키는 법의 도입에 의해 정립되기 때문이다. 그런 의미에서 법 은 사물에 대한 인간의 욕망을 금지하는 방식으로 산물의 세계 를 창조해 낸다. 여기서 산물이라고 말해지는 것은 법에 의해서 셈해지고 걸러진 세계를 말한다. 이제 인간은 하나의 사물을 그

---

30 법정에서 선고되는 형량의 개념이 정확히 그러한 측정값을 의미한다. 심지어는 기소 유예와 같은 판결 역시 사건의 모호함을 드러내는 것이 아니라 사건 자체의 성립 불가능 성, 즉 그것이 정상적 사태였다는 사실을 드러낼 뿐이다. 법의 모든 결정은 그렇게 불확실 성에 대한 권력의 방어적 성격을 보인다. 그런 의미에서 공소시효는 해결되지 않은 범죄가 지속되는 것에 대한 거부감을, 즉 규정되지 않는 사건의 모호성을 거부하는 행위이며 그것 의 소멸 기능을 갖는 것이라고 해석될 수도 있다.

저 욕망하는 것이 아니라 그것을 욕망해도 좋은지 아닌지를 구분하게 되며, 또한 어째서 그러한 구분이 작동하는지에 대한 설명의 세계에, 즉 합법적 산물들의 언어-공간에서 살아가게 된다는 것이다. 한편, 여기서 라깡이 법이라고 말하고 있는 것은 물론 무의식의 도덕법을 가리킨다. 이에 반하여 소크라테스의 사물에 대한 욕망을 비난하여 금지시키려는 아테네의 법률은 무의식의 도덕법이 현행화된 것이라고 간주할 수 있을 것이다. 여기서 현행화présentifier라는 개념은 하나의 전前주체적인 근본 패러다임이 현실의 자료를 이용하여 자신을 드러내는 잠정적 사태를 가리킨다고 설명될 수 있다. 또는, 무의식의 질서가 의식화된 현실에서 출현하는 것을 말한다. 그리하여 우리는 이제 법의 강박증이 어떻게 세계 현실을 드러내는지에 대한 이해에 도달한다. 또는, 세계가 가진 강박증적 특징을 마주하게 된다. 그로부터 세상은 어째서 이토록 엄격한 질서에 사로잡혀 있는가라는, 누구나 한 번쯤은 의문을 가졌을 질문의 답에 접근할 수 있게 된다. 어째서 세상은 그 모든 다른 가능성을 포기하고 지금 이처럼 이러한 모습으로 되어버린 것이며, 또한 이러한 모습으로부터 벗어나 다른 모습으로 변화하지 못하는 것일까? 아테네는 어찌하여 소크라테스라는 보잘 것 없는 노인을, 기껏해야 사람들을 붙잡고 말싸움을 벌일 줄 알았을 뿐인 이 사람에 대하여 기필코 사형을 선고해야만 했던 것인가? 이에 대한 답은 간단하다. 세상은 강박증의 산물이기 때문이다. 그렇다면, 어찌하여 세상은 이토록 강박증적인가? 이에 대한 답 또한 간단한다. 세상을 구성하는 우리의 마음이 이미 강박증적으로 구조화되어 있기 때문이다. 인간의 마음은 확인되지 않는 충동적 사물의 출현을 결코 용납하지 않는 방식으로 스스로를 강박증의 신전에 가두어 버린다. 로고스라는 개념, 최고선으로 가는 왕도로서 플라톤에 의해 가정된 이 개념이야말로 강박증의 신전이 숭배하는 강박적 진리의 환영에 다름 아니다. 그리하여 로고스라는 개념은 자신의 병적인 증상을 숨기기 위해 파토스라는 개념을 발명해 내야만 했던 것이다. 스스로가 얼마나 파토스적인지를 은폐하기 위해, 부인하기 위해 병적인 것에 대한 다양한 리스트를 작성하기 시작했다. 이것이 바로 플라톤의 고전주의 철학이 지닌 병적인 측면이다.

토포스의 강박증, 아토포스의 히스테리

이제 정리해 보자. 법은 로고스적이며, 로고스는 강박적이라는 의미에서 파토스적이다. 그리하여 모든 것은 병리적이라는 논점이 도출된다. 인간 개인과 공동체의 모든 사유와 실천의 배후에는 리비도의 투여, 즉 욕망이 있으며, 욕망의 모든 유형들은 병적인 반응에 다름 아니다.

그와 같은 사실을 우리는 소크라테스의 재판으로부터 확인하려 했다. 이를 위해 우선 필자는 소크라테스의 욕망이 공백을 향한다는 사실을 드러내 보였다. 모름에 대한 앎을 주장하는 그의 일관된 행동은 아테네의 지식 체계를 단지 거부하는 것이 아니라 그 중심에 은폐된 균열을 겨냥하고 있었다는 의미에서 그의 욕망은 공백을 향하고 있었던 것이니까. 이제 곧 해명될 테지만, 이것은 히스테리적 증상의 욕망에 다름 아니라는 의미에서 우선 무엇보다 병적이다. 질서를 흔들려는 욕망. 단지 흔드는 것이 아니라 그러한 흔들림을 항구적인 것으로 존속시키려는 욕망. 그러니까, 단순한 균열이라 간주되었던 어떤 간극을 마치 하나의 실체인 것처럼 그것을 욕망의 유일한 대상(a)으로 간주하여 사물das Ding의 위상으로 승화시키려는 욕망. 여기 진리가 없다(소피스트)—라고 말하는 대신, 없음이, 공백이 있다!(소크라테스)—라고 선언하는 기이한 행동. 바로 이 공백의 (비)존재를 (무)소유했다는 그토록 허구적 주장을 통해서 자신의 우월성을 논증하는, "나는 내가 모른다는 사실을 안다"라고 말함으로써 자신의 인식론적 우월성을 주장하는 소크라테스의 패러독스. 그로부터 아테네의 법률을 무화시키려는 소크라테스의 병리적 정치학. 이 모든 것은 병적이다. 히스테리적이기에 병적일 뿐만 아니라, 그를 포획하러 오는 현재의 지식을 타락시킨다는 의미에서도 병적이다. "당신들은 스스로 모른다는 사실조차 모른다"라는 명제를 통해, 아테네의 지식 전체를 간단히 병적인 환상으로 환원시켜 버리는 병적인 전략. 소크라테스의 욕망은 그러한 방식으로 자신을 진리로 내세우는 모든 권력의 욕망을 실패로 돌아가도록 만드는 행위, 즉 변증론을 통해 스스로가 얼마나 병적인지를 증명해 내고 있을 뿐이다.

다른 한편, 그를 선동자로 고발했던 아테네의 법률 역시 병적이었다. 강박증이라는 속성을 드러내면서 법률은 스스로를 몰락으로 이끄는 방식으로 병적임을 증명한다. 모든 것에 확실한 좌표를 부여하여 고정시키려는 법률의 욕망은 그러한 좌표의 무게를 견디지 못하고 내부로부터 스스로 일그러지는 현상을 초래한다. 마치 너무도 정교하게 만들어진 미궁은 미노타우로스를 가둘 뿐만 아니라 그것의 창조자인 다이달로스까지 감금하여 버렸던 것처럼.[31] 그리하여 다이달로스(주체)와 미노타우로스(충동)를 만나게 했던 것처럼. 그렇지 않고, 미궁의 정교한 논리가 충분히 로고스적이었다면 미궁의 창조자는 스스로 나오는 길을 알 수 있어야만 했다. 그러나, 질서를 통해 지탱되는 모든 구조는 필연적으로 폐쇄공포의 함정을 야기한다.[32] 질서는 언제나 닫힌 구조이며, 그래서 더더욱 스스로의 무게를 견딜 수 없기 때문이다. 처음엔 가볍게 느껴질지라도, 질서-명제의 반복은 스스로를 무게화(물신화)한다. 로고스의 운명은 그렇게 충분히 로고스적이려는 욕망 속에서 언제나 과도하게 로고스적이 된다. 한술 더 떠서, 그러한 질서의 뒤에는 (신경증의) 초자아가 도사리고 있다는 사실을 염두에 둘 필요가 있다. 로고스는 언제나 최고선에 수렴되는 방식으로 도덕적 담화가 되고, 그로부터 도덕의 명령자인 초자아를 소환하기 때문이다. 모든 로고스 뒤에는 전혀 로고스적이지 않은 죄책감의 기원인 초자아라는 괴물이 있다. 소크라테스를 죽인 아테네가 이후 어떻게 후회하게 되

---

31 다이달로스의 미궁에 관한 분석은 필자의 『라깡의 루브르』(위고, 2016)를 참조.

32 라깡이 「사드와 함께 칸트」(『에크리』)와 『세미나 7』에서 분석한 칸트의 실천이성비판 역시 바로 그러한 강박증의 병리적 사태로 귀결된다. 논리적으로 반박 불가능한 도덕명제를 정언명령으로 추구할 경우, 자아의 파괴는 필연적이다. 누구도 정언명령의 초자아를 견뎌낼 수 없기 때문이다. 한편, 질서를 표상하는 명제에 대한 강박증적 현상을 도착증적 구조의 물신으로 재해석한 것은 알랭 쥐랑빌이다.(Alain Juranville, *Lacan et la philosophie*, PUF., Paris,1984)

는지를 관찰해 보라.[33] 따라서, 우리는 로고스의 중핵을 지탱하는 것은 파토스이며, 같은 방식으로 파토스 역시 로고스에 의해 표지된다는, 그리하여 둘은 서로 분리될 수 없는 속성을 갖는다는 결론에 도달한다.

이 모든 사태가 말해 주는 것은 다음과 같다. 즉 아테네의 법률은 501명의 배심원단을 지배하는 고정관념의 질서를 통해 이질적인 존재였던 소크라테스를 배척하는 방식으로 스스로의 일관성을 지켜내는 듯했지만, 이 같은 자기방어는 결국 실패할 운명이라는 말이다. 이것이 바로 토포스의 운명이다. 모든 사물들에 좌표를 부여하고, 그들이 있어야 하는 자리를 표지하는 것으로서의 토포스는 자아와 국가의 형성에 필연적이지만, 또한 이것은 스스로의 질서 잡힌 공간을 점점 더 경직시키는 사태 속에서 자신의 목을 조르게 될 숙명을 지닌다. 질서를 추구하게 만들고, 주어진 좌표를 따르도록 만드는 유형의 욕망은 그렇게 스스로를 병적인 사태로 몰아가는 지점으로 언제나 수렴한다. 이와 같은 규정에 놀랄 필요는 없다. 언어의 논리적 질서에 의존하는 로고스는 스스로를 더욱더 그러한 논리에 충실하게 만드는 방식으로 강력한 배제의 폭력을 실현하고 마침내는 자신마저도

---

33 디오게네스 라에르티오스는 『그리스 철학자 열전』에서, 소크라테스의 죽음 이후 아테네인들의 후회를 이렇게 묘사하고 있다. "이리하여 그는 인간들 사이에서 자취를 감추었지만, 아테네 사람들은 얼마 안 있어 그 일을 후회하여 씨름장도, 체육관도 폐쇄하고 고소한 사람들 가운데 어떤 사람은 추방 처분 내렸는데, 멜레토스에게는 사형판결을 내렸던 것이다. 한편, 소크라테스를 위해서는 리시포스가 제작한 동상을 폼페이온에 세워 그를 기렸다." p. 109.

질서로부터 배제할 것이기 때문이다. 그리하여 질서에 대한 욕망은 병적인 사태로, 무질서의 사태로 수렴될 수밖에 없다. 토포스의 욕망 또한 그렇게 강박증적으로 병적인 것이다.

한편, 소크라테스의 위치는 그 반대편에서 발견된다는 사실을 다시 한 번 강조하고 싶다. 소크라테스는 지금 토포스의 내부에 갇혀 있음에도 불구하고, 그로부터 빠져나가는 아토포스의 형태로 히스테리적인 (비)장소에 위치하고 있기 때문이다. 『향연』에서 플라톤은 소크라테스를 가리켜 아토피아의 존재라고 말하지 않았던가. 『향연』까지 가지 않더라도 우리는 『변론』에서의 소크라테스의 위치가 얼마나 탈-좌표적인지, 즉 토포스로부터 빠져나가는 구조인지를 충분히 이해할 수 있었다. 라깡의 표현대로, 그는 자리를 갖지 않을 뿐만 아니라, 어디에도 없는 존재, 즉 무소성의 존재이다. 그가 보여준 욕망의 유형이 그렇다는 것이다. 아테네의 시민들이 의존하고 있었던 규범의 토대를 무너뜨리려는 욕망. 심지어 자신에게 명명된 '가장 지혜로운 자'라는 좌표를, 신에 의해 규정된 좌표조차도 박차고 나가려는 소크라테스의 욕망은 좌표화의 실패를 반복하려는 히스테리의 유형에 다름 아니다. 사정이 그러하다면, 이쯤에서 히스테리가 무엇인지, 어떤 구조를 가진 신경증의 유형인지를 보다 자세히 해명해 볼 필요가 생긴다.

정신분석의 임상적 차원에서 히스테리란 공백을 소환하려

는 욕망에 다름 아니다. 그것은 감각의 공백인 마비를, 언어의
공백인 실어증을, 섭식의 공백인 거식증을, 질서의 공백인 삶의
혼돈을, 일관적 사유의 공백인 끝없는 잡념을, 대상의 공백인 결
여를, 자제력의 공백인 울음 발작을, 의식상태의 공백인 기절을,
그러니까 토포스의 공백을, 따라서 아토포스적 상태인 그것을
추구하도록 조작된 무의식의 덫이다. 무의식의 욕망은 그러한
방식으로 공백을 탐닉하며, 바로 이것이 히스테리적 주체가 욕
망하는 방식이다. 그러니까, 히스테리란 질서가 반복되는 것의
정지를 반복하려는 시도이며, 그로부터 무의식의 쾌락을 향유
하려는 모반이다. 규범의 반복에 대한 저항의 반복. 억압의 반복
에 대항하는 공백의 반복. 그로부터 규범적 질서 이전의 상태로
회귀하려는 죽음충동의 반복이 그곳에서 관찰된다. 길들이려는
권력의 반복에 대하여 빠져나감을 반복하려는. 아토포스란 그
렇게 지금 여기 '없는 것'에 사로잡힌 히스테리적 욕망의 주체
가 자리한 비-장소이다.

히스테리에 대한 이와 같은 규정으로부터 우리는 다음의 질
문에 접근하게 된다. 만일 히스테리적이며 그래서 아토포스적
이라 불리는 주체가 존재한다면, (소크라테스) 그는 도대체 어디
에 이를 수 있는 존재인가—라는 질문. 만일 소크라테스라는 인
물이 스스로 규정하듯 어떤 '편력'의 여정을 따르고 있었다면
그는 어떤 의미 있는 장소에 마침내 도달하고 있었던 것인가?
혹은, 그것은 단순한 방황은 아니었는가? 아토포스라는 개념이

가질 수 있는 가장 부정적인 측면의 함정에 소크라테스는 사로 잡혔던 것은 아니었나? 그리하여 그는 단지 빠져나갈 뿐 어디에도 이를 수 없는 절대적 차이의 덫에 걸린 것은 아닌가? '아니'라고만 말할 뿐 그 어떤 새로운 보편성도 정립할 수 없는 소피스트적 난국이 그가 도달한 마지막 장소는 아니었을까? 그리하여 필자가 이 책을 시작하면서 제시하였던 소피스트들과의 차이 중 마지막 네 번째 항목에 대한 논증이 비로소 요청된다. 그것은 소크라테스가 소피스트들과는 다르게 어떤 종류의 보편적 진리의 생산에 성공했다는 주장이다. 변론을 통해 우리가 확인할 수 있는 그 어떤 실체로서의 진리도 존재하지는 않지만, 그럼에도 소크라테스는 다른 소피스트들과는 달리 보편적 진리의 공간에 도달하고 있었기 때문이다(그것은 어떤 보편-진리인가?). 이를 논증하기 위해 우리는 신경증에 대한 탐사로부터 정신병의 영역으로 이행해야 한다. 그런 다음 바로 그러한 정신병의 구조를 왜상anamorphosis이라는 구체적인 이미지 속에서, 일그러진 형상의 논리 속에서 해명해야 한다. 이를 위해 필자는 먼저 신경증자들의 환상과 정신병의 망상을 비교해 볼 것을 제안한다. 그런 다음에야 우리는 소크라테스로부터 죽음에 대한 욕망을 양도받은 자들이, 즉 왜상의 응시자들이 어떻게 새로움을 출현시키는지, 엑스-니힐로의 진리 현상에 도달하게 되었는지를 이해할 수 있을 것이기 때문이다.

2장

☼

왜상歪像을 탐닉하는 정신병적 주체

소크라테스를 생각해 봅시다.

소크라테스의 타협할 줄 모르는 순수성과

그의 '무소성'은 서로 한 쌍을 이루는 것입니다.

거기에 매순간 다이모니온[악령]의 목소리가 끼어듭니다.

소크라테스를 이끌고 있는 그 목소리가

소크라테스 자신이 아니라고 말할 수 있을까요?

—자크 라캉, 1964년 6월 17일 세미나

허구의 공동체, 보바리즘

 '보바리즘'이란 용어는 플로베르의 소설 『마담 보바리』의 주인공 엠마의 세계관을 일반화한 개념이다. 소설 속 그녀는 자신의 비참한 현실을 받아들이려 하지 않는 모순된 삶을 살고 있는 여성으로 그려지고 있다. 환상 속에서 살아가는 주체. 꿈꾸어 오던 장밋빛 사랑의 세계가 어디에도 존재하지 않는다는 사실을 받아들이려 하지 않는, 그래서 여전히 사랑의 환상을 꿈꾸는, 꿈꿀 뿐만 아니라 그것을 현행화하여 그 속에서 살아갈 뿐인 한 여자의 욕망에 관한 비극적 서사가 소설의 내용이다. 이러한 모순된 삶의 태도가 '—이즘ism'의 형식으로 구성될 수 있는 이유는, 그것의 일반성 때문이다. 간단히 말해서, 우리 모두의 삶이란 환상의 영향력으로부터 자유로울 수 없다. 플로베르 자신도 말하지 않았는가? "우리 모두는 마담 보바리다!"라고. 이 명제는 또한 우리가 앞서 다루었던 신경증이라는 구조의 본질적 요소와 연결된다. 왜냐하면, 신경증이야말로 자신의 현실을, 또는 마땅히 현실이라 부를 수 있는 것이 존재하지 않는다는 근본적으로 절망적인 (비)현실을 외면하려는 문명의 토대를, 토대가 없는 토대를 구성하기 때문이다. 그런 의미에서 문명이 정상인 이라고 부르는 주체의 욕망 구조는 환상을 좇는 구조라고 할 수 있다. 오직 환상을 좇는 욕망 속에서만 삶을 이어나갈 수 있는, 진리로부터 소외된 존재. 혹은, 진리가 없다는 진리로부터 자신 을 보호하기 위해 가상적 진리에 자발적으로 매혹당하려는 주 체들. 바로 그런 이유에서 현실은 언제나 주체의 소망에 대해 간 극을 만드는 방식으로 주체를 배반하며, 역설적이게도 그러한 배반이 주체를 파국으로부터 구한다. 환상이 작동하는 한, 주체 가 소망하는 것과 현실의 간극은 좁혀지지 않으며, 이 간극은 일 종의 완충장치가 된다. 그렇지 않고 만일 간극의 소멸이 환상의 실현이라는 형태로 일어난다면 주체는 결여 없는 망상적 광기 에 도달하게 된다. 또는 그 반대 방향, 즉 환상이 제거된 현실과 조우하는 형식으로 간극이 봉합된다면 우울증의 발작이 주체를 검은 절망의 심연으로 추락시킬 뿐이다. 인간 문명이란 이러한 양 극점 사이를 왕복 운동하는, 조증과 우울증의 발작 사이에서 위태롭게 흔들리는 신경증적 흔들림 그 자체에 다름 아니다.

그런 이유에서이다. 반복되는 현실의 배반에도 불구하고 그 너머의 환상으로 다시금 몸을 던지는 또 다른 반복 운동에 주체 가 자발적으로 사로잡히는 것은. 신경증자는 결코 현실을 마주 보려 하지 않는다. 아니, 마주 볼 수 없다. 우리는 우리 자신의 욕 망의 민낯을, 파편적 충동의 광포한 유희에 불과한 그것을 결

코 직시할 수 없다. 그것을 마주 볼 수 있는 유일한 가능성은 환
멸 속에서 자신의 눈을 찔러 장님이 된 오이디푸스를 따르는 길
뿐이니까. 그래서일까. 마담 보바리가, 또는 마담 보바리가 되
기 훨씬 전의 소녀 엠마가 장밋빛 사랑의 환영에 기꺼이 자신의
몸을 던지는 행위가 낯설지 않은 것은. 이후로도 이어지는 낭만
주의적 사랑의 환상에 대한 그녀의 집착은 현실의 비루함을 견
디기 위한 자기방어의 행동에 다름 아니며, 바로 그런 의미에
서 우리 모두는 마담 보바리인 것이다. "성관계란 존재하지 않
는다"[34]는 사실을 은폐하기 위하여 성관계의 장밋빛 환상을 유
지하려는 주체의 욕망. 또는, 질시 아니면 자기애적 탐닉이라는
공격성의 장소인 공동체의 현실을 은폐하기 위해 이타성과 헌
신 그리고 정의라는 추상적 개념을 발명해 내고 그것에 기꺼이
목숨마저 던지려는 정치적 신화들. 영원히 무심할 뿐인 우주를
실증과학의 협소한 언어와 일치시키려는 인식애적 충동pulsion
épistémophilique[35]과 같은. 우리가 마주한 실재란 그 자체로 절대
적 이질성, 프로이트를 따라서 라깡이 이웃Nebenmensch이라고

---

34 라깡의 명제다. 그는 성적 욕망에 관련하여 인간은 자신의 무의식을 떠도는 파편적
충동의 절편들을 탐닉할 뿐이며, 남-녀의 성관계에 관련된 모든 낭만주의적 이미지들은
이를 은폐하기 위한 문명의 신화에 불과하다고 주장한다.

35 인식애적 충동pulsion épistémophilique 또는 인식애적 욕망désir épistémophilque은
프로이트의 개념이다. 유아기의 성에 대한 지적 호기심을 뜻한다. 아이는 성행위와 탄생에
관한 지대한 관심을 갖는다. 왜냐하면 그것은 금지된 질문이기 때문이다. 성에 관하여 이
처럼 알고자 하는 욕망에 대답하는 성인들의 지식은 우화나 신화적 방식이다. 즉 환상적
담론으로 아이의 질문에 응답하는데, 바로 이러한 과정, 즉 알고자 하는 욕망과 그것이 획
득하는 지식의 관계는 앎의 본질적인 대상을 언제나 우회하는 방식을 취한다. 그런데, 바
로 이러한 과정이 인간 문명이 지식을 구성해 내는 전형을 형성하게 된다. 그것은 알지 않
기 위해 알려는 욕망이며, 진실을 우회하기 위한 지식 체계의 형성이다.

명명했던 위치에, 그러니까 언제나 국경 너머에 위치한 도달 불
가능한 장소라는 사실을 인정하지 않으려는 인간의 집요한 욕
망이 만들어 낸 거대한 환상의 체계가 바로 세계라는 것이다. 그
러한 방식으로 환상은 세계의 본질적 구조가 된다. 이것을 우리
는 '마치 ―인 듯'의 신경증적 공동체라고 부를 수 있을 것이다.
마담 보바리의 삶이 그러했듯이 말이다. 모두가 믿어 의심치 않
는 이데올로기의 공동체. 진지한 질문 없이 받아들여진 고정관
념의 공동체. 정의가 무엇인지, 올바름이 무엇인지, 쾌락은 무엇
인지, 선과 악은 무엇인지에 관하여 알려진 지식의 권력에 복종
하는 공동체. 간단히 말해서 캐묻지 않는 공동체. 멘토라고 알려
진 자들의 권위에 굴복하는 멘티들의 소외된 공동체. 소크라테
스의 눈에는 아테네를 살아가던 시민들의 삶이 정확히 그러하
였다. 가짜 진리를 숭배하는 무지한 자들의 공동체이며, 무지를
알아볼 수 없는 눈먼 자들의 공동체. 강요된 지식이 진정으로 올
바른 것인지를 검증해 볼 용기조차 없는 겁쟁이들의 공동체가
바로 아테네였다. 최소한, 소크라테스에게는 그러하였으므로,
그들의 무지를 깨우치기 위해 편력을 시작했던 것이다. 죽는 순
간까지, "캐묻지 않는 삶은 살 가치가 없다"라고 되뇌면서.(『변
론』) 이 편력의 특이성에 관하여서는 이미 충분한 논의가 이루
어졌다. 한 가지만 제외하고는. 만일 소크라테스가 아테네의 지
식이 사로잡힌 자기만족적 환상에 대항하여 편력을 시작했던
것이라면, 그렇다면 소크라테스 자신은 여하한의 환상으로부터
도 자유로웠던 것일까―라는 문제. 소크라테스의 욕망이 사로

잡혔던 것은, 그리하여 평생을 편력하며 아테네를 떠돌게 만들었던 집요함이란 또 다른 환상이 아니었는가—를 묻는 질문. 이에 대해 우리는 소크라테스의 욕망이 히스테리적 구조를 가진다는 설명을 전개시켰으며, 그것이 간접적으로나마 대답이 되어 주었던 것이 사실이다. 그러나 그 정도로는 충분치 않다. 히스테리는 히스테리의 고유한 환상 구조를 가진다는 사실을 부정할 수 없기 때문이다. 반론은 바로 그러한 차원으로부터 온다. 궁극적으로 소크라테스 또한 아테네인들과 동일한 환상, '마치 —인 듯'의 보바리즘적 구조 속에서 살아갔던 것은 아닌지를 묻는. 어떤 면에서는 그러하다. 그 역시 존재하지 않는 것이 마치 존재하는 듯 행동했기 때문이다. 그러나 그가 '마치 —인 듯' 대했던 욕망의 대상은 아테네인들의 그것과는 근본적으로 다른 것이었다. 만일 아테네인들이 고정관념의 권력이 마련한 욕망의 통제된 대상을 '마치 진리인 듯' 대하는 환상 속에 있었다면, 소크라테스는 균열을, 공백을, 비존재인 그것이 '마치 존재하는 듯' 욕망하는 근본적으로 이질적인 구조 속에 있었기 때문이다. 그러한 방식으로 우리는 소크라테스의 히스테리적 욕망의 구조를 아테네의 강박증적 구조와 분리시키려 했었다. 그러나 이게 전부는 아니다. 그의 욕망은 단순한 히스테리의 구조, 즉 결여를 탐닉하며 주어진 질서를 거부하는 카오스적 성격만을 갖는 것은 아니기 때문이다. 그는 실제로 또 다른 진리관을 도입하고 있다. 이것이 진정으로 무엇이었는지는 알 수 없지만, 그럼에도 플라톤의 철학이 정립하는 새로운 진리관에 상당 부분 영향을 줄 만큼의 단서였으리라는 추정만은 가능하다. 그러니까 그는 단지 아테네의 지식을 몰락으로 이끄는 파괴자, 차려놓은 잔 첫상을 뒤엎는 히스테리증자만은 아니었다는 사실이 중요하다. 그는 균열의 공허함 그 너머에서 무언가를 보고 있었기 때문이다. 아테네를 지배하는 신경증적 환상 너머에 존재하는 또 다른 환상. 공유된 환상의 외부에 존재하는 환상이기에, 환상의 지위조차 가질 수 없는. 그것은 아테네인들 모두로부터 거부당한다는 의미에서 일반적인 것이 아닌 개별적 환상이다. 정신분석에서는 이러한 개별적 환상을 망상 또는 환각이라 부른다. 보바리즘적 세계가 제 아무리 소외된 것이며, 진리를 외면하는 특성을 가진 것이라 해도, 그것은 일반성을 획득한 환상이었다. 최소한 그것은 소통 가능한 영역, 라깡이 상징계라 부르는 영역 내부에서 작동하는 방어적 환상이었다. 한 사회를, 나아가서 세계를 지배하는 고정관념의 권력이 생산하기에 모두가 나누어 가질 수 있는 욕망의 대상으로서의 환상들. 그러나 소크라테스의 환상, 그가 『변론』에서는 결코 언급하지 않았지만, 그럼에도 말해졌다고 플라톤에 의해 고집스레 주장되는 진리의 환상은 절대적 차이의 장소에서 출발하는 것이며, 그러하기에 당시로서는 이해될 수 없었던 무엇이다. 바로 그런 이유 때문에, 우리는 더 이상 소크라테스에게 단지 히스테리의 구조를 덮어씌우는 논증으로는 만족할 수 없게 된다. 따라서, 이제 필자는 개별적 환상의 장소이며, 그래서 망상paranoia이라는 이름으로 명명된 정신병의 구조를 도입함으로써 소크라테스적 욕망의 구조에 보다 가까이 접근해 보려고 한다.

악령, 다이몬, 소크라테스의 환청

　자신을 곱등이에 비유하며 아테네를 떠돌던 남자. 일 년 내
내 망토 한 벌에 의지하여 살았던, 맨발의 철학자. 사람들이 보
건 말건 혼자서 중얼거리다가 춤을 추고, 껑충껑충 뛰다가는 갑
자기 우울한 얼굴로 침묵 속에 잠겨들곤 했다는. 돈과 재물에 관
해서는 무관심을 넘어선 경멸을 보였던 남자. 사람들에게 말싸
움을 걸어 논박하고, 당장 얻어낼 이득이 전혀 없는데도 불구하
고 그러한 논박에서 이기기 위해 열을 내던 이 남자, 소크라테스
를 정신병의 구조로 파악하려 했던 사람이 필자가 처음은 아니
다. 그와 동시대인이었던 아리스토파네스라는 희극 작가는 〈구
름〉이라는 작품에서 이미 그를 광인에 가까운 사람으로 묘사하
고 있다. 디오게네스 라에르티오스(3세기경) 역시 소크라테스를
광인으로 간주하는 역사적 증언을 싣고 있다. 그러나 이보다 더
진지한 연구가 존재했었는데, 19세기 프랑스의 정신의학자 루
이 프랑스와 렐뤼Louis François Lélut의 논문「소크라테스의 악마

에 관하여Du démon de Socrate」³⁶가 그것이다.

렐뤼는 19세기 정신의학의 지식을 활용하여 소크라테스의 광기를 증명해 내려고 고군분투했던 조금은 괴짜 정신의학자였다. 그를 괴짜라고 부르는 이유는, 소크라테스가 광인이었음을 증명하려는 자신의 이론을 학계에 피력하기 위해 상당한 노력을 기울였다는 점에서 그러하다. 단지 시간 많은 정신과 의사가 소일거리로 그적거린 논문이 아니었다는 말이다. 첫 논문이 발표되었을 때의 차가운 반응에 실망한 렐뤼는 다시 십여 년이 흐른 뒤 간행된 재판본의 서두에서 자신의 주장이 헛된 것이 아니라는 호소를 덧붙이고 있다. 도대체 이천삼백여 년 전의 인물이 정신병자였음을 증명하는 것이 무엇에 유용하다는 말인가? 또는, 그토록 오래전 인물의 정신상태를 단지 역사적 기록에 의존하여 진단하는 것이 가당키나 한 일인가? 아마도, 당시 프랑스 의학계와 철학계가 보여준 냉소에는 이와 비슷한 현실주의가 배경이 되었을 것으로 짐작된다. 혹은, 서구 고전철학의 기원적 인물을 광인으로 다루는 것에 대하여 당시의 여전했던 신고전주의적 분위기가 거부감을 보였던 것으로 해석될 수도 있다. 그리고, 동일한 비판이 지금 우리의 시점에서 역시 제기될 수도 있다. 도대체 소크라테스라는 인물에게 정신병의 구조를 덧씌워 보려는 시도가 무슨 의미를 가질 수 있는가―라는 질문. 이에

---

36   Louis François Lélut, *Du démon de Socrate*, éd. de Chez J. B. Bailliere, 1856, paris.

대해 필자는 1부에서와 동일한 관점의 대답으로 응수하려 한다. 문제는 소크라테스라는 실존인물의 정신건강을 판단하는 데 있지 않다고. 그보다는, 그의 욕망 또는 그것이 남긴 흔적이 서구 공동체의 역사 속에서 어떻게 받아들여졌는지를 가늠해 봄으로써 서구 철학의 기원적 욕망의 구조를 탐사하는 일종의 '철학적 욕망의 고고학'을 시도하고 있다고 말이다. 또는, 소크라테스적 패러다임이라고도 말할 수 있는 이것의 반향들을 살펴봄으로써 진리의 병리적 기원에 관한 사회-정치적 해석에 접근하려는 것이다. 그러나 렐뤼가 우리와 같은 목적을 겨냥하고 있었는지는 알 수 없다. 그의 논문은 문자 그대로 소크라테스가 광인이었음을 주장하는 데에만 집중되어 있기 때문이다[37]. 이를 위해 논문의 저자는 플라톤의 텍스트 속에서 묘사되고 있는 소크라테스의 정신병적 증상들을 찾아내려 하는데, 그 중에서 환청에 관련된 부분은 누가 보아도 정신병리적인 것이라고 의심하지 않을 수 없어 보이는 것이 사실이다. 소크라테스 본인의 입으로 다음과 같이 말하고 있기 때문이다.

"그래서 내가 돌아다니며 이렇게 개인적으로 조언하고 남의 일에 참견하면서도 감히 공개적으로 여러분의 집회장에 나타나 도

---

37 그렇다고 해서, 렐뤼가 소크라테스의 광기를 증명하고자 했던 의도의 배경에서 사회 정치적 관점을 완전히 제거할 수는 없을지 모른다. 예를 들자면, 영웅이나 지도자, 또는 천재들 역시 정신병에 노출되어 있다는 것을 증명함으로써 19세기적 근대 사유에 일종의 반론을 제기하려는 의도가 숨겨져 있을 수도 있기 때문이다. 당시 정신의학은 정신병을 열등함의 지표로 간주하려 했던 경향을 숨기고 있었기 때문이다.

시를 위해 조언하지 않는 것이 이상하다 싶을 것입니다. 그 이유를 나는 여러 곳에서 누차 여러분에게 말씀드렸습니다. 말하자면 나는 어떤 신적인 또는 초인간적인 현상을 경험하게 되는데, 멜레토스는 고소장에서 이를 희화화한 바 있습니다. 그런 현상은 내가 어릴 때부터 시작됐으며, 일종의 목소리로서 내게 다가옵니다. 그리고 그것이 다가올 때마다 언제나 내가 하려던 일을 하지 말라고 말렸지, 해보라고 권유한 적은 없습니다. 이것이 내가 정계에 입문하는 것을 막았으며, 그렇게 막기를 아주 잘했다고 나는 생각합니다. 그도 그럴 것이, 아테나이인 여러분, 잘 알아두십시오. 만약 내가 오래전에 정계에 입문하려고 했다면, 나는 진작에 죽어 여러분에게도 나 자신에게도 아무 도움이 되지 못했을 테니까요."(48, 31c-31d)

여기서 소크라테스가 진술하는 신적인 경험은 목소리 즉 환청이다. 이에 대해서 소크라테스는 다이몬δαίμων, 렐뤼가 사용하는 프랑스어로는 데몽démon, 한국어로는 악령 또는 정령의 목소리라고 지칭한다. 이것은 단지 추상적 경험의 표현이기보다는 구체적이며 감각적인 목소리의 체험, 즉 환각적 청각 체험이다. 『변론』의 후반부에서 이 악령의 목소리에 대한 내용이 다시 한 번 언급되는데, 거기서 소크라테스는 악령의 목소리가 자신에게 아무 말도 하지 않는 것을 보니 자신의 지금 행동이 올바르다는 것을 알 수 있다고 주장하고 있다.

"[……] 나는 놀라운 경험을 했습니다. 나와 친숙해진 예언의 목소리가 전에는 내게 놀라운 일이 일어났습니다. 내게 친숙한 그 예언의 목소리가 전에는 언제나 나와 함께하며, 내가 잘못된 길로 들어서려 하면 아주 사소한 일이라도 반대하곤 했습니다. 그런데 여러분도 보다시피 이번에 나에게는 최악의 재앙으로 여겨질 수 있고 대부분의 사람들이 그렇게 여기는 일이 벌어졌습니다. 하지만 오늘 아침 내가 집을 나설 때도, 내가 법정으로 올라올 때도, 내가 변론을 하며 무슨 말을 하려고 할 때도 신께서 보내신 신호는 내게 반대하지 않았습니다. 다른 토론 때는 내가 발언하는 도중에라도 나를 제지한 적이 한두 번이 아니었는데 말입니다. 그러나 이번 경우에는 내가 무슨 짓을 하건, 그 신호가 내게 반대한 적이 한 번도 없었습니다.(65, 40a-40b)

소크라테스가 체험해 왔다는 악령의 환청에 관한 내용은 그러한 방식으로 우선 먼저 『변론』에서 확정적으로 기술되고 있으며, 파이드로스(40bc), 테아이테토스(151a), 에우티데모스(272e), 테아게스(128d)에서도 간접적으로 언급되고 있다. 한편 소크라테스의 또 다른 제자였던 크세노폰의 『변론Apology』(4권, 8장)에서 역시 환청을 언급하고 있다. 흥미로운 것은, 플라톤의 기록에 등장하는 목소리들은 한결같이 "하지 말라"는 금지의 목소리인 반면, 크세노폰의 저작에서 소크라테스가 듣는 목소리는 "해야 할 것을 지시하는" 형식을 취한다. 정신의학자 렐뤼에게 이러한 기록은 간과할 수 없는 정신병적 증상의 흔적에 다름 아니었을 것이다. 청각적 망상으로서의 환청은 시각적 망상인 환영과 함께 정신병의 가장 주요한 증상을 구성하기 때문이다. 만일 사정이 그러하다면, 이쯤에서 우리는 과연 정신병의 망상이 신경증의 구조, 소위 정상인들이라 간주되는 집단에서 통용되는 '마치 ─인 듯'의 환상과 관련하여 어떠한 병리적 변별점을 갖는지에 대해서 확인해 보아야 한다.

환상과 망상의 차이

　간단히 말하자면, 신경증은 하나의 보편성이라는 일자의 권력에 종속되기를 소망하는 마음의 구조인 반면, 정신병의 망상은 개별성의 한계 속에 감금되어 있다. 만일 신경증의 환상이 그 자신의 허구적 속성에도 불구하고 구성원들 모두에게 사실임 직한 속성 즉 현실성을 인정받을 수 있다면 그것은 모두가 그것을 믿고 있다는 일반성의 현상 때문이라는 것이다. 예를 들어, 누군가 '사랑'이라는 추상적 관념 때문에 목숨을 버릴지라도 우리 모두는 그러한 자기 파괴적 행위에 나름의 타당한 근거가 있었을 것이라고 추정하는 경향이 있다. 그럼에도 '사랑'이라는 개념이 극히 추상적이며, 관념적인 발명품이라는 사실에는 변함이 없다. 명예나 수치심, 자심감과 자괴감 등등의 정동을 지탱하는 추상적 관념들이란 그렇게 허구적인 것이지만, 그것이 가진 보편성을 통해 그 무엇보다 강력한 힘을 발휘하게 된다. 다시 강조하건대, 여기서 '소통 가능한 허구'라는 구조가 결정적이다. 이에 대해서 라깡의 정신분석 이론은 '아버지의-이름le Nom-du-Père'이라는 개념을 설정하고 있다. 신경증의 환상을 지탱하는 것은 일자의 환상이며, 이것은 단 하나의 권위가 모든 욕망의 흐름들을 지배하는 현상에 관련된다.[38] 이에 대한 보다 쉬운 설명을 덧붙이면 다음과 같다. 만일 신경증자의 욕망이 고유하게 억압에 의해 파생된 현상이라고 한다면, 이와 같은 억압의 주체는 단 하나의 권위자여야만 한다. 예를 들어 어린아이가 자신의 충동적 쾌락을 만족시키는 행동을 포기하도록 하기 위해 사용되는 어른들의 담화에는 어딘지 모르게 통일된 수렴점이 암시되곤 한다. 비록 모호한 방식이긴 하지만, 바로 그러한 모호함으로 인해 무한정한 권력의 환상을 획득하게 되는 일자의 환영적 권력이 심리 속에 자리 잡기 때문이다. 따라서, 이러한 통제의 주체들로서 모든 어른들 사이에는 일종의 도덕적 공모관계가 형성되어 있는 듯 보인다. 엄마에게 떨어지지 않으려는 아이를 어르고 달래다가 이내 위협하는 어른들의 말 속에는 추상적이지만 그럼에도 강력한 공통분모가 존재하기 때문이다. 엄마가 발화하는 명령어, 아빠가 말하는, 또는 할아버지나 할머니, 심지어 이웃집 아주머니가 발화하는 말들 사이에는 아이가 감지할 수 있는 유사성이 존재하며, 그래야만 한다. 이처럼 어른

---

38 『세미나 7』에서 라깡은 정신병으로서의 편집증은 큰사물das Ding을 믿지 않는다고 진술한다. 프로이트의 52번 편지를 참조하는 라깡은 여기서 편집증자paranoïaque의 심리가 독특한 불신 또는 versagen des Glaudens, 즉 '신뢰의 거부'를 통해 규정되고 있음을 발견한다. 이에 따를 때 편집증자는 큰사물의 중심적 좌표 또는 그것의 원초적 가치와 무게를 믿으려 하지 않는다는 것이다. 여기서 말해지는 큰사물das Ding은, 일자로 구성된 충동의 자리라고 할 수 있으며, 이것을 일자로 고정시키는 것이 바로 '아버지의-이름'의 단일성이다. 따라서, 정신병적 주체는 하나의 단일한 아버지의 권위에 저항하는 존재, 그래서 다수의 아버지의 이름의 난립을 수용하는 존재로 이해될 수 있다.

들의 말 속에 등장하는 일종의 추상적 연대감은 아이의 충동을 억압하는 강력한 일자적 권위를, 쉽게 말해서 둘을 용납하지 않는 독재적 권위를 형성하게 된다. 아이가 어른들의 말에 비로소 마음 깊이 복종하기 시작하는 결정적 계기는 이처럼 어른들의 세계, 라깡이 대타자라고 말하는 세계가 단 하나의 권력에 종속되어 있다는 느낌 때문이기도 하다. 바로 이러한 권력의 배후에 '아버지의-이름'이라는 최종적 형상이 존재한다. 그런 방식으로 모두가 지배받고 있는 단 하나의 법칙과 권위가 존재하는 것만 같은 느낌은 아이를 신경증의 억압 장치 내부로 들어서도록 강제하는 강력한 힘이다.

그러나 정신병의 구조에는 이러한 통일성이 없다. 혹은, 바로 이러한 통일성 형성의 실패가 아이를 정신병의 파편적 구조로 이끈다. 프로이트-라깡의 이론에서는 이러한 실패로부터 야기되는 정신병의 구조를 아버지-이름의 태만carance 또는 폐제forclusion로 설명한다. 이것은 유아기에 자신의 충동을 온전히 포기하지 못했던 주체의 심리 구조이다. 포기가 온전히 일어나지 못했던 이유는 억압이 완전하게 실행되지 못했기 때문이다. 억압이 완전하게 실행되지 못한 이유는, 유아에게 법을 강제하는 어른들의 담화가 오락가락하는 모습을 보였거나 부재했기 때문이다. 어른들의 담화의 불일치. 예를 들어, 아이가 어머니로부터 충동의 쾌락을 지속적으로 탐닉하고 있을 때 이러한 탐닉을 어머니 스스로가 제한하려 하지 않는 경우가 있다. 어머니-

아이의 밀착된 관계에 개입하는 억압의 규범적 담화가 존재하지 않는 경우. 혹은, 그러한 담화가 제2자의 위치에서, 그러니까 현실적 타자로부터 개입한다고 해도 어머니의 말과 행동이 그러한 담화와 충돌하는 경우가 있다. 간단히 말해서, 아이-어머니의 관계를 제재하러 오는 타자의 탐화가 현실적 공간에서 동의를 얻어내지 못하고, 그런 이유로 제3자의 담화라는 추상적 보편성을 획득하지 못하는 경우이다. 이때 아이의 충동을 포기할 수 있도록 하는 일관된 담화가 형성되지 못하며, 아이의 존재를 하나의 단일한 방식으로 포위하지 못하게 된다. 이러한 현상 속에서 주체는 자신의 충동을 단일한 권위 아래 억압할 수 없다. 그리하여 아이는 욕망의 일관된 흐름을 갖지 못하며, 이것은 아이의 세계를 구성하는 환상의 파편적 사태를 초래하게 된다. 이런 이유로, 정신병자의 세계는 일자에 의해 지배받는 환상이 아니라, 다수의 권력에 의해 찢겨진 망상의 형식을 갖게 된다. 따라서, 정신병의 망상적 허구는 개인적이며 개별적이고 그래서 소통 불가능하다. 그리하여 누군가 자신의 망상에 쫓겨 파괴적 행동을 한다 해도 우리는 그것이 가진 의미를 공유할 수 없기에 그의 행위를 편집증 즉 패러노이아paranoia라는 정신병리적 범주에 고립시킬 수밖에 없다. 이러한 고립 속에서 편집증자의 욕망은 공유될 수 없는 개별성의 무게에 짓눌려 버린다. 정신병자의 세계는 그와 같은 고독 속에 유폐된 망상의 장소이다. 그가 주장하는 진리, 그가 묘사하는 세계관이란 정상이라 간주되는 신경증적 주체들의 시선에는 단지 일그러진 그림이며, 의미를

상실한 공허한 서사에 불과하다. 보편적 환상의 표면을 일그러
뜨리며 출현하는 개별적 환상의 고독. 고독 속에서 뒤틀리는 환
각적 이미지 세계. 이것이 정신병의 망상적 사유에 관하여 우리
가 상상할 수 있는 간단한 이미지이다. 정신병적 망상에 사로잡
힌 주체의 세계는 온통 알아볼 수 없는 이미지들이 중첩된 장소
이며, 안정적 세계의 표면에 (구멍이 아닌) 뒤틀림을 야기하는 병
적인 사건에 다름 아니기 때문이다.

왜상anamorphosis

정신병의 일그러진 망상적 세계를 보다 집중적으로 분석하기 위해 필자가 도입하려는 이미지는 서구 미술사에서 아나모르포시스anamorphosis 또는 왜상歪像, 즉 일그러진 이미지라 불렸던 회화의 전통이다. 특히 바로크 시대의 화가들이 이 기묘한 이미지 게임에 열중했다고 한다. 이에 대한 간단한 설명을 덧붙이면 다음과 같다. 먼저, 왜상에 관하여 우리가 첫 번째로 인식하는 것은 무상無像, 즉 알아볼 수 있는 이미지의 부재이다. 그러나 이것은 이미지 자체가 없는 것은 아니고, 인식이 없을 뿐이다. 알아봄의 가능성이 부재하다는 것이다. 마치 외부에서 관찰된 정신병자의 세계가 그러하듯이. 이것은 일종의 얼룩처럼 느껴진다. 언어적 질서가 온전히 장악하지 못하는 이미지, 즉 풀려난 상상계의 세계가 그곳에 있다. 시각적 정동이 상징계를 초과하는 사태. 물론 이것은 단지 시선에 관련된 문제만은 아니다. 그보다는, 왜상의 일그러진 이미지를 통해 암시되는 것은 언어적 질서로부터 초과하는 모든 정동에 관련된다. 음표의 질서로부터 번져 나오는 소리의 세계. 차가움과 뜨거움, 간지러움과 찌르는 고통 등등의 감각이 알려진 원인들의 세계로부터 일탈하여 엄습하는 촉감의 세계. 같은 방식으로 모호함의 영역에서 피어오르는 후각의 세계. 정상성이 지배하는 장소에서 이러한 비정상적 이미지의 출현은 지워버려야 하는 얼룩으로 간주된다. 왜상이란 바로 이러한 비정상적 이미지에 대한 하나의 은유로 사용될 수 있다.

　도판의 이미지는 일그러진 이미지를 사용하는 아나모르포시스 게임의 대표적 두 사례이다. 좌측의 것은 이미지 전체가 인식 불가능성 속에 있다. 반면 오른쪽은 알아볼 수 있는 이미지의 한 부분(중앙 하단)만이 얼룩처럼 느껴진다. 하나는 전체가 얼룩이며, 다른 하나는 부분만 얼룩이다. 이 두 유형의 회화 형식은 하나의 게임으로 설정되며 그로부터 그림을 감상하는 관람자를 뜻밖의 시각적 쾌락으로 유도하는 구조로 되어 있다. 먼저 왼쪽

왜상 게임[39]은 이미지의 중앙에 표면이 매끄러워 쉽사리 이미지가 반사되는 금속봉을 위치시킴으로써 완료된다. 아래 도판을 참조하면, 이것은 카오스로부터 하나의 가시적 이미지가 출현하도록 만드는 일종의 속임수였다는 사실이 밝혀진다.

독자 역시 도판의 중앙에 놓인 금속봉의 표면에 비추어지는 예수의 이미지를 알아볼 수 있을 것이다. 그것은 루벤스의 〈십자가를 세움〉이라는 작품 이미지이다. 평면으로 제시되었던 이미지의 일그러진 카오스는 그 위로 금속봉이라는 하나의 장치를 개입시키는 순간 숨겨진 의미를 드러낸다. 아나모르포시스의 이미지를 그렸던 화가는 루벤스의 작품 이미지를 참조하면서 관람자가 보았던 것과는 반대의 순서로 일그러진 이미지를 그려냈을 것이다. 라깡이 『세미나 7』에서 자세하게 지적하고 있는 바와 같이, 이 왜상 게임은 전적으로 히스테리의 일그러짐이 가진 구조를 드러내고 있다. 히스테리증자는 자신의 신체 또는

---

39 도메니코 피올라Domenico Piola(1627-1703), 〈루벤스의 "십자가를 세움"을 본뜬 왜상〉, 루앙 미술관 소장.

삶을 일그러뜨리면서 일종의 카오스를 만들어 내는데, 이것의
목적은 바로 아버지-대타자를 소환하려는 것에 있기 때문이다.
히스테리증자는 욕망의 흐름 속에서 남근적 결여(-φ)의 장소를
출현시킴으로써 그것을 메꾸어 줄 수 있는 타자를 소환하려 한
다. 예를 들어, 환자가 정신분석가 앞에서 갑작스레 울음 발작을
터뜨리며 오열하기 시작했다면, 그는 분석가로부터 어린 시절
의 아버지의 형상을 보려는 무의식의 충동을 따르고 있는 것으
로 해석될 수 있다. 히스테리의 일그러짐, 발작, 마비, 혼돈 등은
그러한 방식으로 어린 시절 탐닉하던 부모와의 관계를, 영원히
상실된 그것을 다시 소환하려 한다. 그런 의미에서 히스테리적
왜상은 목적이 분명하며, 이 목적은 또한 신경증의 세계에서 보
편적으로 알려진 의미에 연결된다. 그것은 알아볼 수 없는 이미
지에서 알아볼 수 있는 대타자의 이미지로 연결된다. 도판의 왜
상 그림에서 게임의 최종적 단계로서 개입하는 금속봉이 바로
'아버지의-이름'과 같은 역할을 하기 때문이다. 금속봉은 그러
한 방식으로 카오스를 정리하고, 혼돈을 잠재우며, 궁극적인 이
미지를 선명하게 드러내어 줄 것으로 기대되는 마술지팡이이자
팔루스이다. 여기서 팔루스 즉 남근이라고 라깡이 명명하는 것
은 상징계의 의미화 질서를 암시하며, 바로 이것의 개입을 통해
서만 히스테리 환자의 일그러진 이미지는 가시적인 것으로, 알
아볼 수 있는 것으로 전환된다. 그런 의미에서 금속봉 그것은 발
기된 남근에 다름 아니다. 히스테리적 욕망이 영원히 상실한 남
근의 환상을 비추어 주는. 혹은, 그러한 상실의 환상을 탐닉할

94

수 있도록 마련된 또 다른 환상이 바로 금속봉이다.

한편, 오른쪽의 그림은 한스 홀바인Hans Holbein의 〈대사들 The Ambassadors〉[40]이라는 작품이다. 이 작품 역시 라깡의 『세미나 7』에서 다루어지며, 이후 『세미나 11』에서는 시관 충동pulsion scopique으로서의 응시를 다루기 위해 다시 분석된다. 이 그림에 관해서도 라깡은 도메니코 피올라의 그것과 마찬가지로 여전히 신경증의 결여와 그것의 남근적 상징화라는 관점에서 해명하고 있다.[41] 그러나 필자는 조금 다른 각도에서 작품을 바라보는 시선을 취하려 한다. 그것은 관람자의 위치와 관련된 해석이며, 그로부터 신경증이 아닌 정신병의 영역으로 도약하는 해석이다. 보는 사람의 위치에 주목하면서 그림을 분석하면, 이 왜상게임은 첫 번째의 그것과는 전혀 다른 구조로 되어 있다는 사실을 알 수 있기 때문이다. 이미지 표면에 남겨진 알아볼 수 없는 얼룩의 의미를 알아내기 위해서 요청되는 것은 대타자, 또는 아버지의 권위에 의존하는 금속 막대기나 남근이 아니다. 그보다는, 이 작품의 왜상 얼룩의 의미에 접근하기 위해서는 관람자 자신의 완전한 일탈이 요구된다. 세계를, 게임의 장소 자체를 떠나

---

40 한스 홀바인Hans Holbein(1497-1543), 〈대사들〉, 런던 내셔널 갤러리 소장.

41 1964년 2월 26일의 라깡 세미나 참조. 여기서 라깡은 왜상을 남근의 결여가 상징화의 기능 속에서 작동하는 차원으로 설명한다. 그는 다음과 같이 말한다. "어떻게 지금까지 아무도 거기서 [……] 발기의 효과를 떠올리지 못했던 것일까요? 휴식 상태에 있던 임시 기관에 새겨진 문신이 어떤 특별한 상태 속에서 펼쳐지는 모습을 상상해 보시기 바랍니다." 다시 말해서, 왜상의 일그러진 이미지는 은폐된 결여이며, 그것의 본 모습이 출현하려면 남근적 상징화의 개입이 요청된다는 것.

는 일탈. 그것은 아토포스조차 아닌 엑스-토포스ex-topos이고 아테네의 신경증적 세계로부터의 자발적 추방이다. 회화의 공식적인 관찰 영역이 규정하는 자리에서는 결코 얼룩의 이미지가 무엇인지 알아볼 수 없는 대신, 그로부터 완전히 벗어난 위치 또는 비위치에서만 이미지의 의미를 알아볼 수 있도록 조작되어 있기 때문이다. 그림의 오른쪽 측면으로 아주 비스듬한 각도에서 얼룩을 바라볼 때에만 그것이 해골의 이미지였음을 알아챌 수 있는 구도로 되어 있다. 그러나 바로 이 위치에서는 왜상을 둘러싼 작품의 전체 이미지는 심각하게 훼손되어 버린다. 그곳에서 우리는 여전히 화면의 두 인물과 사물들을 관찰할 수는 있지만 그들의 크기와 좌표들이 현저하게 왜곡되는 것을 막을 수 없다. 왜상의 일그러진 이미지가 해골이었다는 사실을 인식하기 위해서는 그것을 둘러싼 세계의 이미지를 왜곡시키는 대가를 치러야 한다. 왜상을 알아보는 주체는 그렇게 함으로써 세계로부터 배제된다. 그런 의미에서 그림의 관람자는 사실상 더 이상 관람자의 타이틀

조차 가질 수 없다. 그는 이미 세계라는 스펙터클의 관람석으로부터 벗어나 있으며, 따라서 관람자로 셈해질 수도 없다. 그는 이제 이방인, 즉 광인이다.

그런 식으로, 도메니코 피올라의 왜상과 홀바인의 왜상 게임은 서로 전혀 다른 관점을 숨기고 있는 것으로 이해될 수 있다. 첫 번째 얼룩 이미지는 타자의 개입에 의해서만 의미를 드러내는 히스테리적 구조를 가진 반면, 두 번째 얼룩 이미지는 보는 사람 스스로가, 즉 얼룩의 관람자 스스로가 그림을 감상하도록 규정된 자리로부터 일탈하지 않는다면 얼룩의 의미를 알 수 없도록 되어 있다. 피올라의 작품에서 관람자는 여전히 주어진 위치에 고정되어 있는 반면, 홀바인의 일그러진 이미지는 관람자를 스펙터클의 공연장 내부에 부여된 좌석으로부터 벗어날 것을, 결코 예상할 수 없었던 위치로 이동할 것을 요구한다. 혹은 그러한 일탈이 예측 불가능한 우연 속에서 발생하도록 덫을 놓고 기다린다. 이로부터 우리는 다음과 같은 결론에 도달할 수 있다. 만일 얼룩 이미지가 소크라테스가 응시하고 있었던 어떤 진리, 최소한 그에게만은 진리로 여겨졌을 무엇인가였다면, 그것을 응시하기 위해 소크라테스는 스스로의 위치를 아테네로부터 완전히 배제시킬 수밖에 없었을 것이라는 사실. 그의 삶의 편력이 그 누구로부터도 이해될 수 없는 유형의 궤적을 그렸던 이유가 여기에 있다. 왜상의 일그러진 이미지에 매혹된 주체는 자신의 삶의 좌표 역시 외부로 일탈시키는 방식으로 스스로 왜상이 되어야 하기 때문이다. 한편, 이 같은 왜상적 사건을 봉합하고 그것에 의미를 부여하려는 재판의 시도는 첫 번째 왜상 게임에서의 금속봉과 같은 역할을 하고 있다. 여기서 일그러진 이미지를 욕망함으로써 스스로 얼룩이 되어버리는 소크라테스는 권위자를 불러내기 위해 투정 부리며 시위하는 부랑자의 모습으로 인식될 수도 있다. 어쩌면 바로 이것이 아테네의 법정이 소크라테스를 파악하는 방식이었는지도 모른다. 그러나 소크라테스의 일그러진 삶의 궤적은 아테네의 법정이 개입함으로써 그 형상을 온전히 드러낼 수 있는 성질의 것이 아니었다. 그것은 오히려 영원히 이해될 수 없는 수수께끼로 남을 것이라는 의미에서 두 번째 왜상 게임의 차원으로 이동해 가고 있을 뿐이다. 소크라테스는 사형선고가 내려진 뒤에도 다이몬의 목소리 운운하면서 자신은 결코 죽음을 피해가지 않을 것이라는 둥, 죽는 게 사는 것보다 더 못한 것인지 아닌지 아무도 알 수 없을 것이라는 둥, 도무지 알 수 없는 이야기들을 늘어놓으며 아테네의 배심원들을 아연실색하게 만들고 있지 않은가?[42] 심지어 그는 사형선고를 피해 도망칠 수 있는 기회조차 마다하며 자신의 변론을 죽기 직전까지 전개하고 있지 않은가?(『크리톤Criton』, 46b). 소크라테스의 이와 같은 모습은 그의 제자들조차 이해할 수 없는, 영원히 풀리지 않는 수수께끼로 남는다. 그 어떤 금속봉을 가져와도 알아볼 수 없는 이미지만 반영될 뿐인 일그러짐의 사건이 그곳에

---

42 "나는 죽으러 가고, 여러분은 살러 갈 것입니다. 그러나 우리 중에서 어느 쪽이 더 나은 운명을 향해 가는지는, 신 말고는 아무도 모릅니다."(69, 42a)

있다. 배심원단의 위치에서, 혹은 아테네를 지배하는 고정관념이 규정하는 관객의 위치에서 바라본다면 결코 이해되지 않는 어떤 광기가 그곳에 있다. 그것은 완전히 일그러진 이미지, 거세되지 않은 이미지이며, 신경증적-환상-국가의 표면을 떠다니는 지워지지 않는 얼룩이며, 매장이 금지된 채 악취를 풍기며 썩어가는 반역자 폴뤼네이케스의 버려진 시체와 같은 무엇이다. 고소당하여 재판정에 끌려온 소크라테스는 그와 같은 얼룩의 이미지에 사로잡힌 안티고네와 같은 처지인 동시에, 그로 인해 스스로 얼룩이 되는 숙명의 주체이다. 왜상의 덫에 사로잡힌 주체. 그리하여 왜상에 전염되는 주체. 그런 다음에는 스스로 왜상적 매혹을 발산하며 "젊은이들을 타락으로 이끄는" 주체. 모두에게 망상으로 간주되는 이해할 수 없는 일그러진 이미지에 절대적 의미를 부여하려는 철학자. 오직 그것만을 바라보며 그것을 볼 수 있는 위치에서 편력하기를 멈추지 않았던, 그래서 방황하는 것처럼 보였던. 그는 얼룩의 의미를 알아볼 수 있는 유일한 자, 망상적 주체인 동시에, 스스로 얼룩이 됨으로써 자신의 삶의 의미를 이해하려면 자신이 했던 것과 동일한 일탈을 감행해야 한다는 사실을 사후의 추종자들에게 강제하는 유령과 같은 존재였다.

왜상으로서의 이웃, "네 이웃을 네 자신과 같이 사랑하라"

정신병의 망상paranoia을 왜상 게임의 논리로 파악하는 과정 속에서 관찰된 소크라테스적 욕망은 그 이미지가 이제 한층 선명해졌을 것이라 생각한다. 일그러진 왜상은 공동체의 질서 잡힌 사유의 표면에 파열을 가져오는 이질성의 은유에 다름 아니었다. 한편 망상의 정신병리적 구조는 그와 같은 이질성으로서의 진리의 출현이 개별성의 영역에서 발생한다는 것을 은유한다. 소크라테스적 패러다임이 가정하는 진리란 현재의 보편성의 환영적 표면이 일그러지며 몰락하는 포인트에서 발생하는 절대적 차이의 사건에 다름 아니라는 것이다. 그것은 보편이라는 신화의 붕괴를 경험하는 세계가 스스로를 실재에로, 무한성에로 개방하는 시간과 공간, 보다 엄밀히 말하자면 비-시간과 비-공간으로 표지되는 지점이다. 이에 대한 설명을 위해 필자가 앞서 우선 제시했던 것이 히스테리의 구조이긴 했다. 균열을 탐닉하는, 공백을 향유하는 욕망의 특수한 유형. 주어진 질서의 논리를 통해서 욕망이 만족되는 것을 거부하는 결여에 대한 욕망.

강박증적 세계의 질서를 정지시키는 텅 빈 균열의 포인트. 그러나 한편으로 진리는 텅 비어 있지 않다는 사실에 주목해야만 했다. 그것은 현재의 논리로는 알아볼 수 없지만 그럼에도 내용을 갖기 때문이다. 그것은 지배적 담화의 그 어떤 상징화에도 저항하는, 따라서 카타르시스적 해소[43]에 저항하는 잔여물로서 일종의 찌꺼기이다. 그럼에도 이 찌꺼기는 어쩌면-도래할 세계의 씨앗일지도 모른다. 비록 그것이 현재-권력의 시선으로는 단지 왜상이며, 일그러진 이미지, 또는 오물처럼 보일지라도. 그것은 미래의 주체들이 참여하는 사후적 환원 과정 속에서 일종의 전-미래적 가치를 갖게 될 것이기 때문이다. 망상적 진리의 개별성은 미래의 개입에 의해 도래할 보편성을 인정받게 되는 논리적 시간 속에 있다.

바로 그런 의미에서 소크라테스는 히스테리적 균열의 공백, 즉 음각이 아니라 정신병의 망상적 양각, 돌출, 종양과 같은 이미지로 파악될 것이 요구되었다. 그는 단지 내부의 균열이 아니라 외부로 향하는 돌출이기 때문이다. 그는 또한 아감벤이 분석하는 사도 바울처럼 '마치 —인 듯'의 세계 속에서 '마치 — 아

---

43 카타르시스는 정신분석 임상의 용어이다. 이것은 환자의 신경증의 원인이라고 간주되는 감추어진 기억이나 심리적 증상이 언어에 의해 표현되는 순간, 그에 얽혀 있던 정동이 발산되어 해소되는 경험 속에서의 쾌락이다. 프로이트의 용어인 이것에 대해 라깡은 부정적인 견해를 취한다. 증상적 기억을 언어로 상징화 하는 과정에 개입하는 분석가의 지식의 영향력이 가진 권력에 반대하기 때문이다. 그렇게 상징화된 증상은 제거되지 않고 언어의 권력에 또 다른 방식으로 저항하며 자신을 변모시킬 뿐이다.

닌 듯hos me'의 메시아적 소명을 실천하는[44] 히스테리적 주체일 뿐만 아니라, 나아가서 세속의 '마치 ―인 듯'에 대항하여 또 다른 '마치 ―인 듯'의 삶을, 망상적 이미지를 소환하는 정신병적 주체였다. 이에 대해서 우리는 소크라테스적 망상의 구조를 환상에 대항하는 환상으로 규정해 보았다. '환상 vs. 환상'. '일자-아버지의-이름'에 의해 지배되는 세계 환상에 대항하여 또 다른 환상을, 이번에는 극단적으로 새로운 질서를, 그러나 아직은 일반화되지 못한 규범이라는 의미에서 이질성일 뿐인 그것을 도입하는 소크라테스적 환상의 대립. 전자는 현재의 세계를 지탱하며, 후자는 그에 대한 절대적 타자성을 소환함으로써 세계를 실재에로 개방한다는. 그것은 프로이트가 이웃Nebenmensch[45] 이라 불렀던 욕망의 저편을 지시하는 또 다른 환상의 영역이다. 현재의 환상에 의해 환상이라 규정당하는 모순 속에서 망상적 위상을 갖게 된 어떤 환상. 현재의 신경증적 세계가, 그로부터 파생된 자아의 환상이 자신의 환영적 속성을 은폐하고 항상성의 추구라는 목적을 달성하기 위해 억압하는 망상적 환각의 자리. 그러니까 환상 너머의 환상. 이제까지의 논의는 바로 이것, 망상에 도달하는 행위에 소크라테스적 '올바른 삶의' 윤리를 연결시키려는 시도였다. 소크라테스의 삶이 보여주는 이미지는 그처럼 어떤 종류의 광기에 사로잡히는 것이 도래할 세계에로

---

44 아감벤, 『남겨진 시간』(강승훈 옮김, 코나투스, 2008.) 소명klesis의 해석 참조.

45 네벤멘슈, 즉 이웃이 지시하는 곳은 죽음 충동으로서의 주이상스의 자리다. 신경증은 바로 이것을 억압하는 방식으로 자신의 세계를 구축한다.

자신을 개방하는 실천이라는 사실을 우리에게 알려준다. 그것
은 절대적 이질성을, 절대적 타자를, 일그러진 얼룩의 형상을 욕
망하는 것이 진리 절차의 시작점이라는 낯선 진실을 가르쳐 준
다. 그러한 방식으로 소크라테스적 진리의 기능이란 이질성이
라는 절대적 차이를 도래할 보편성으로 개방한다. 절대적으로
일그러진 이미지와 모두에게 사랑받는 이미지 사이의 이질성을
화해시키는 특수한 절차가 그곳에 있기 때문이다. 이에 대한 논
증을 더하기 위해 필자가 소환하려는 것은 바로 마태복음의 유
명한 구절, "네 이웃을 네 자신과 같이 사랑하라"의 명제이다.
또는, 이 명제를 해독하는 라깡의 논점이다. 라깡은 세미나에서
다음과 같이 말하고 있다.

> "[그러한 관점이] 가장 선명하게 들어나는 것은 마태복음에서입
> 니다. 그곳에서 제자들이 예수에게—영생에 이르기 위해 우리는
> 무엇을 해야 하나요?—라고 묻지요. 이에 예수가 대답하는 내용
> 이 그리스어로 기록되어 있는데 그것은 다음과 같습니다.—너희
> 는 내게 무엇이 선한것이라고 말하고 있느냐? 선이 무엇인지 누
> 가 알 수 있느냐? 오직 저 너머에 계신 우리의 아버지만이 선을
> 아신다. [……] 단지 그분의 계명을 따름이 좋을 뿐이니라. 그 다
> 음으로 이어지는 텍스트에는 또한 다음과 같은 언표가 있는데 그
> 것은—네 이웃을 네 자신과 같이 사랑하라—였습니다."(1960년 1
> 월 13일, 자크 라깡 세미나)

여기서 라깡은 앎의 영역과 이웃의 영역을 대립시키고 있다. 선에 관련한 지식을 묻는 사도들에게 예수는 앎의 추구가 아니라 단지 계명에 따를 것을 요구하며, 그 계명으로서 '사랑'을 제시한다. 그런데, 이 사랑은 자신이나 동포들을 향한 것이 아니라 이웃이며, Fremde 즉 이방의 것이라는 프로이트 용어로 라깡에 의해 다시 한 번 강조되는 타자이고, 이질성이다. 라깡이 해석하는 마태복음의 윤리인 동시에, 정신분석의 윤리인 이것은 이질성에 대한 욕망인 것이다. 절대적으로 다른 것을 욕망하라는 것. 자아가 아닌, 동포가 아닌, 이방인을 사랑하라는 것. 이에 덧붙여지는 '착한 사마리아인'의 우화는 이방인에 의한 이방인의 사랑이라는 의미에서 '이웃에 대한 사랑'의 명제를 한층 두드러지게 만들고 있다. 사마리아인처럼 사랑하라는 것은, 이방인을 욕망하기 위해 이방인처럼 되라는 것이며, 이교도를 사랑하기 위해 이교도처럼 되라는 타자성의 극단으로 주체를 몰아간다. 어째서인가? 타자성에 대한 이와 같은 극단적 욕망의 추구가 발견되는 것은. 이에 대한 해답은 의외로 간단한 설명으로 해결된다. '네 이웃'의 반대말은 '너 자신'이다. 그리고 '자신'은 '자아ego'이다. 자아는 또한 현재의 세계 속에서 내가 알아볼 수 있는 나의 모습이다. 이러한 알아봄을 가능하게 해 주는 것은 현재의 지식이다. 다시 말해서, 현재의 세계가 의존하는 지식이란 나를 알아볼 수 있도록 해 주는 지표와 같다. 그런데, 이와 같은 현재의 지식은 현재의 이데올로기이며, 따라서 현재의 권력이다. 기독교인들이 바벨의 언어라고 불렀던 그

4104

것. 소크라테스의 입을 빌어 플라톤이 doxa 즉 속견 또는 억견이라 불렀던 고정관념의 체계, 앞서 제시된 마태복음의 구절에서 거부되는 '앎'의 차원이 그것이다. 그런데, 바로 이것을 통해서만 우리는 우리 자신이 누구인지, 즉 자아와 관련된 인식에 도달한다. 우리는 바로 이것에 지배를 받으며, 그것이 생산하는 욕망의 대상들을 사랑하도록 길들여진 채 살아간다. 고정된 앎의 권력에 의해 부여된 우리 자신의 이미지를 탐닉하며 살아가는 삶. 반면에, 이것을 사랑하지 않는 것은 나 자신에게 부여된 한계로 만족하지 않는 삶이며, 이것은 곧 나 자신과 관련된, 그럼에도 결코 나 자신이 아닌 타자성으로, 이웃에게로 욕망을 향하게 하는 삶이다. 그리고, 이처럼 주어진 나 자신의 이미지가 아닌 다른 것을 욕망하는 삶이란 소크라테스가 추구했던 윤리의 가장 근본적인 모습이다. 캐묻지 않는 삶이란, 관념들의 이데올로기적 고정점들에 의해 주어진 지식을 의심하지 않고 오히려 그것에 근거하여 나와 세계를 욕망하는 인생이란 살 가치가 없다고 말했던 소크라테스를 떠올려 보라. 그에게 진리란 언제나 지금 여기에는 없는 것이고, 그래서 저 너머에 있는 것이다. 소크라테스의 변증론적 기술이란 지금 여기의 지식에 구멍을 뚫은 뒤 그 균열의 틈새로 저 너머 이웃의 세계를 보기 위한 철학적 절차에 다름 아니었다. 이웃에 대한 사랑은 그렇게 이해되어야 한다. 익숙한 사물들의 세계, 알아볼 수 있는 대상들의 세계에 둘러싸여 그 너머를 욕망할 가능성을 차단당한 채로 유한한 세계-권력에 복종하는 것은 결코 윤리적 삶이 아닌 것이

다. 예수가 네 이웃을 네 자신과 같이 사랑하라고 말했던 것에
는 바로 이러한 소크라테스적 실천의 의미가 스며들어 있다. 예
수 자신이 그러하였던 것처럼, 팔레스타인을 지배하는 구약의
질서와 로마제국을 지배하는 현실주의 모두를 넘어서려는 욕
망. 그 너머의 '이웃'을 갈망하는 사랑의 윤리. 그런 의미에서
우리는 홀바인이 그린 〈대사들〉의 이미지 위에 바리새인들의
이미지를 중첩시켜 볼 수도 있을 것이다. 그림의 화려한 이미지
들은 그것을 보도록 규정된 관람자의 위치에 우리를 고정시키
며, 그곳에서 우리는 알아볼 수 있는 익숙한 이미지들의 화려함
에 매혹당한다. 그러한 부동성, 일종의 죽음과 같은 부동자세는
그림이 제공하는 시각적 쾌락을 즐기기 위해서 우리가 지불해
야 하는 존재의 대가이다. 그림은 그렇게 "가만히 있으라"고 명
령한다. 한편 그림의 매끄러운 표면 위로 떠오른 오물과 같은 얼
룩은 그림의 전체 이미지에 대립하는 이질성이며, 문자 그대로
의 의미에서 '이웃'이고, 이방인이다. 이것을 욕망하라고 누군
가 말한다면 그가 의미하는 바는 그것을 욕망할 수 있는 위치로
옮겨가라는 뜻일 것이다. 다시 말해서, 주어진 관람객의 위치로
부터 벗어나 그림의 외부로 이탈해 나가라는 것이다. 이방인을
사랑하기 위해 이방의 영역으로 탈주하라는 것이며, 그곳에서
이방인이 되라는 것이다. "네 이웃을 네 자신ego과 같이 사랑하
라"는 명제는 그렇게 이질성에 대한 욕망과 동일성에 대한 몰
락의 요구를 동시에 포함한다. 이웃의 개념은, 이질성 또는 절
대적 타자성인 그것은 그렇게 윤리의 차원을 소환한다. 그것은

다른 무엇을 제쳐 놓고라도 사랑해야만 하는 의무의 차원에 속하기 때문이다. 라깡이 예수를 들먹이며 '이웃prochain'의 개념을 그토록 강조했던 이유는 우리의 무의식이 바로 우리 자신의 이웃이며, 절대적 타자성이기 때문이다. 만일 신경증의 환상에 의해 지탱되는 우리 자신(자아)의 공간이 동일성의 영토라고 한다면, 이것의 가장 은밀한 내부에는 무의식이라는 타자성의 균열이 은폐되어 있으며, 이것에 접근하지 않고서는 자아-환영의 외부로 빠져나갈 수 없다. 그래서 이웃은 동질성의 중핵에 은폐된 장소이며, "무슨 일이 있어도 거기에 가야만 하는" 진리의 장소이다[46]. 신경증적 환상의 세계로부터 정신병적이라 간주되는 망상적 장소에 도달함으로써 비로소 우리는 우리 자신이 아닌 다른 무언가가 될 수도 있을 가능성에 스스로를 개방한다.

바로 그런 의미에서 신경증의 환상에 대항하는 정신병적 망상의 얼룩은 사랑의 형식으로 욕망의 대상이 될 때에, 다시 말해서 극히 소중한 것으로 다루어지며 그것을 살피기 위해 주체가 스스로의 신경증적 보편성의 위상을 포기할 경우에, 진리의 절차를 구성하게 된다. 얼룩은 그것을 관찰하는 자의 자아의 환영

46　"제가 존재의 수준에서는 매우 취약하다고 지적한 무의식의 위상, 그것은 윤리적인 것입니다. 프로이트는 진리를 갈망하면서 이렇게 말합니다. '무슨 일이 있어도 거기에 가야만 한다.' 왜냐하면 무의식이 어디선가 자신의 모습을 드러내고 있기 때문입니다." 라깡이 1964년 1월 29일의 세미나에서 언급했던 명제, 즉 정신분석이라는 실천을 치료가 아닌 윤리적 차원으로 격상시키는 이 선언은 절대적 차이에 대한 사랑이 임상의 윤리라는 사실을 명백히 한다. 동일성의 환상에 대한 저항과 횡단, 그리하여 도달하는 절대적 차이의 장소에서 차이와의 동일시가 추구되어야 한다는 것.

을 포기하도록 만드는 특수한 대상, 대상에 대한 사랑 속에서 스스로를 상실하도록 만드는 아갈마가 되어야 한다.

소크라테스의 내기

이제까지의 논의를 정리하기 위해 우선 다음의 전제를 확인하자. 만일 소크라테스의 욕망이 아테네의 지식–권력에 도전하여 어떤 새로움을 도입할 수 있었으며, 바로 그 새로움이 문명의 사유가 도달한 한계의 폭을 확장시키는 결과로 이어졌다면 우리는 그와 같은 과정을 진리의 절차라고 부를 수 있다. 바로 그런 의미에서 진리란 실체 또는 명사적인 것이 아니라 동사적인 절차이며, 그와 같은 진리관에 근거하여 다음의 세 과정을 진리의 절차로 규정해 볼 수 있다. 먼저, 진리는 금지하는 지식–권력의 한계로부터 빠져나가는 욕망이며(1), 그러한 빠져나감이 절대적 차이의 생산에 도달한 뒤에(2) 다시금 보편을 획득하기 위해 투쟁하는(3) 과정 그 자체이다. 소크라테스의 가장 신뢰할 만한 텍스트인 『변론』으로부터 우리는 최소한 (1)의 과정이 적극적으로 실천되었음을 보았다. 그 뒤에 전개된 2장에서의 망상에 관한 논의는 (2)의 과정을 통해 소크라테스를 추측할 뿐이다. 소크라테스는 단지 부정하기 위해 아테네와 싸운 것이 아니라, 무

109

언가 우리로서는 알 수 없는 진리의 내용에 사로잡혀 있었던 것
으로 추측할 수 있기 때문이다. 이로부터 우리는 소크라테스가
(2)의 단계에, 절대적 차이의 발명이라는 수준에 머물렀다는 사
실을 가정해 볼 수 있게 된다. 그러한 방식으로 소크라테스는 히
스테리적 욕망의 구조에서 정신병적 욕망의 구조로 이행해 간
것이라는 분석이 가능해진다[47]. "네 이웃을 네 자신과 같이 사랑
하라"의 명제는 히스테리적인 욕망과 정신병적 욕망이라는 서
로 이질적인 두개의 구조를 모순 없이 횡단할 수 있도록 하는 제
3자적 지렛대, 또는 '데우스 엑스 마키나deus ex machina'이다. 소
크라테스의 욕망은 타자로서의 이질성을 때로는 공백의 형태로
(히스테리), 때로는 실체의 형태로(편집증) 사랑하는 모습을 보여
주지 않았는가? 바로 이러한 이웃에 대한 사랑의 두 개의 유형
적 변주로서 히스테리와 정신병은 같은 범주에 귀속될 수 있다.
두개의 이질적 구조는 그러한 방식으로 서로 접속 가능한 동질
성의 영토가 된다. 두 개의 범주는 가장 근본적인 이웃의 영토이
며, 소크라테스는 그에 대한 욕망을 두 개의 유형으로 변주하는
삶을 살았다고 할 수 있기 때문이다. 그런 그가, 사랑을 위한 마
지막 내기를 걸며 다음과 같이 말하고 있다.

---

47   다시 한 번 강조하건대, 소크라테스라는 사람의 실제 정신상태가 히스테리증자였는
지, 아니면 정신병자였는지를 논하는 것이 아니라는 사실을 유념하는 것이 중요하다. 이
책의 프롤로그에서 밝혔던 것처럼, 히스테리와 정신병은 주체가 진리를 대하는 태도의 관
점에 관련된 구조적 분석의 틀일 뿐이다. 소크라테스가 진리가 지금 여기에 없음을 증명하
는 방식으로 결여를, 공백인 그것을 탐하는 태도는 오직 진리와 관련된 상황 속에서만 유
효한 히스테리의 구조이다. 같은 의미에서 진리의 현존을, 그것이 지금 눈앞에 존재한다는
사실을 탐하는 정신병적 태도 역시 오직 진리와 관련된 주체의 포지션을 가리킬 뿐이다.

"하지만 이제는 헤어질 시간이 되었습니다. 나는 죽으러 가고, 여러분은 살러 갈 것입니다. 그러나 우리 중에서 어느 쪽이 더 나은 운명을 향해 가는지는, 신 말고는 아무도 모릅니다."(69, 42a)

우리 식으로 번역해 보자. "이제 가야할 시간이 되었군요. 나는 이웃의 영토로 가고, 여러분은 동포의 영토로 돌아가야 합니다. 그러나 우리 중에서 어느 쪽이 진리를 향해, 새로운 세계의 창조를 향해 나아가는지, 미래는 분명히 알고 있습니다."

지금 소크라테스는 내기를 걸고 있다. 자신이 틀렸는지, 아니면 아테네가 틀렸는지에 관한 죽음을 건 내기. 물론 그는 확신한다. 자신의 이해받지 못한, 그래서 왜상적인 고독 속에 갇혀 있는 옳음이 도래할 시간 속에서 모두에게 사랑받게 되리라는 사실을. 자신이 했던 사랑을 모두가 반복하게 될 것이라는. 보편성의 타이틀을 획득하게 되리라는 사실을. 앞서 제시된 절차의 순서 중 (3)의 과정이 가까운 미래에 실현되리라는 사실을 그는 확신한다. 어떻게 그럴 수 있냐고? 그의 표현대로 그것은 '신'만이 아신다. 혹은, 오늘의 표현으로 대체하자면, 그것은 진리의 주사위 놀이가 결정하게 될 것이다. 바로 이 주사위 놀이에 뛰어들어 달걀을 칼 위에 세우게 되는 자의 응시가 바로 지금, 죽음 직전의 소크라테스를 주시하고 있었기 때문이다. 그가 도달한 진리, 미친 자의 헛소리 취급을 받는 그것이 누군가에 의해 진리로 세공되는 시간이 곧 도래할 것이다. 물론 현재의 시점에서는 그것이 누구인지 확신할 수 없다. 소크라테스를 응시하는 극히 드문, 진실한 시선들 중에서 누가 그러한 지난한 임무를 완수하게 될 것인지 추측조차 불가능하다. 소크라테스 자신에게도 그것은 의문점으로 남아 있었을 것이기 때문에. 누가 알았겠는가? 그가 독배를 마시던 순간에도 몸이 아프다는 핑계로 곁을 지키지 않았던 플라톤이라는 제자가 그 일을 하게 될지를. 아마도 그 시점에서는 플라톤 자신도 스스로가 사로잡힌 기이한 욕망의 정체에 관하여 알지 못했을 것이다. 분명히 그러했을 것이다. 소크라테스가 뿜어내는 설명할 수 없는 아우라의 매혹이 단지 한순간의 감동이 아니게 될 것이라는 사실을. 오히려 그것은 시간이 지날수록 더욱더 집요한 방식으로 플라톤의 삶을 뼛속까지 적셔올 아갈마의 매혹이라는 사실을. 재판정의 단상 위에서 누구도 들어주려 하지 않는 마지막 변론을 위해 고군분투하는 한 늙은이의 미스테리하게 반짝이는 두 눈동자를 응시하는 방청객 속의 한 남자, 플라톤은 그리하여 우리가 (3)의 절차로 규정한 투쟁의 장 속으로 이끌려 들어가게 될 숙명이었다. 라깡이 1960년 5월 25일의 세미나에서 영화 〈달콤한 인생〉을 묘사했던 바로 그러한 표현에 부합하는 방식으로. 즉, 플라톤은 "뭔지 모를 힘에 이끌리듯" 소크라테스의 매혹에 이끌려 들어가고 있었다. 그가 죽음의 순간에 점점 더 다가갈수록, 플라톤은 소크라테스의 존재로부터 어떤 실재를, 말로 설명되지 않는 미스테리함을 발견하고 있었다. 그것은 "우리가 그것을 보려고 하는 순간 눈을 뜰 수 없게 만드는", 라깡이 죽음 직전에 이른 안티고네를 묘사하며 언급했던 그와 같은 섬광에 다름 아니다. 그리하여 웅성이던 배심원단의 소리, 야유의 비난과 고함소리는 거짓말처럼 아득해지고, 소크라테스가 발하는 눈부신 섬광이 플라톤을 압도하기 시작한다. 번뜩이는 섬광 앞에서 일순간 눈이 멀 듯이. 지금 플라톤은 잠시 장님이 된다. 일상적 사물들의 세계가, 라깡이 산물die Sache의 세계라고 말했던, 거세된 대상들의 세계가 더 이상 눈에 들어오지 않는 사태, 세계가 소멸하는 사태 속에 잠시 들어가 머물게 된다. 오이디푸스 왕이 제 스스로 눈을 찌른 뒤에야 도달할 수 있었던, 진리를 보는 암흑의 풍경 속으로. 그러한 역설적 눈 멈 속에서 플라톤은 소크라테를 사로잡았던 진리의 망상적 환각이 이제 자신에게 양도trado되고 있음을 알고 있었을까? 이러한 양도는 예수로부터 사도들에게 전수된 그것과 정확히 동일한 구조를 갖는 것이며, 그리하여 단지 망상이라 취급받던 왜상적 진리를 보편성의 위상으로 격상시키기 위한 강박증적 투쟁을 촉발시킨다. 소크라테스가 남긴 기억에 관한 강박증적 해석자로서의 삶이 플라톤에게서 이제 막 시작되려 하고 있다. 그것은 절대적 차이의 장소에서 보편의 장소로 나아가는 투쟁. 소크라테스에 의해 열어젖혀진 무한성의 공간에서 다시 유한성으로, 그러나 이번에는 전혀 다른 그러한 유한성의 세계로 도약하는 절차였다. 개별적 망상을 모두가 사랑하는 환상으로 되돌리는 절차. 다음 장에서 우리는 그와 같은 투쟁의 절차에 관한 해명으로 소크라테스 이후의 세계를 그려보려 한다. 변론의 관객에

불과했던 플라톤에게 어떤 일이 일어난 것인지에 관한 해명의
논증으로 진입해 보도록 하자.

3장

☼

죽음의 해석학

……[소크라테스의 사형선고] 그것은 모두의 동의에 의한,

그리고 모두의 복리를 위한 것이었지요.

—라깡 세미나, 1960년 11월 16일

반복 강박Wiederholungszwang

기억이란 묘한 것이다. 그것은 기억하고 싶은 것만을 기억하는 기만적인 기능이지만, 그렇다고 잊고 싶은 것을 온전히 망각속에 던져 버리지도 못한다. 심리 속의 모든 것은 남는다. 그중에서도, 애도되지 못한 누군가의 죽음은 절대로 소멸하지 않을 것이다. 매장되지 못한 폴리네이케스의 시신이 그러했듯이. 이해되지 못한 소크라테스의 죽음은 불멸의 기억이 된다. 기억되지 못한 기억. 그럼에도 기억의 장소로 끊임없이 회귀하는, 기억의 유령. 아테네가 꾸는 신경증적 환상의 꿈 한가운데로 반복하여 돌아와 모두를 가위 눌리게 하는 소크라테스에 관한 기억은 그렇게 꿈속의 꿈으로, 그것도 악몽이라는 가장 공격적인 형태의 꿈으로 남겨진다. 설명될 수 없었고 정당화될 수 없었기 때문이다. 기존의 언어로 애도될 수 없었던 실재는 반복하여 회귀하며, 이것은 프로이트가 반복 강박Wiederholungszwang이라고 불렀던 죽음의 역동과 동일한 구조를 갖는다는 사실에 주목해 보자. 트라우마, 즉 외상外傷의 형식으로, 그러니까 형식을 부여할 수 없었던 카오스의 형태로 경험된 마음의 상처는 결코 잊을 수 없는 망각이라는 모순된 구조를 통해 돌아온다. 애도되지 못한 죽음은 자신을 망각한 세계를 놓아주려 하지 않기 때문이다.

프로이트가 반복강박 증상에 이끌리기 시작한 것은 1차 세계대전이 끝난 이후였다. 전쟁의 참화에서 돌아온 군인들은 반복하여 경험되는 기억의 악몽에 시달리고 있었는데, 이런 현상은 꿈이 성적 소망의 간접적 실현을 목표로 한다는 이제까지의 프로이트 이론에 대립하는 것이었다. 어째서일까? 꿈이란 억압된 욕망을 은밀히 탐닉하는 장밋빛 환상의 영토이지 않았는가? 그러한 꿈의 표면이 찢어지면서 출현하는 꿈속의 꿈, 꿈의 환상을 정지시키는 악몽의 반복은 무엇을 의미하는 것일까? 아마도 그것은 '마치 ─ 인 듯'의 논리 속에서 건설된 세계 환상의 기만이 스스로를 지탱할 수 없었던 임계점을 표지하는 사건은 아니었을까? 철저한 착취에 기반을 둔 서구 자본주의 문명이 도달한 한계점. 물론 반복강박 증상에 시달리는 환자들은 아주 개인적인 고통 속에 있는 것처럼 보였다. 매일 밤 같은 시각에 찾아오는 악몽은 언제나 똑같은 기억을 불러냈고, 그런 다음에는 고통의 클라이맥스가 도래하기 직전에 꿈에서 깨어나곤 했다. 팔다리가 잘린 시신들의 이미지가 포화의 섬광과 비명소리의 아비규환 속을 날아다녔다. 포탄이 명중한 참호가 무너져 내리기 시작했고, 죽은 동료 병사의 시신과 함께 무너진 흙이 얼굴을 덮쳐 왔다. 흙을 가득 머금은 입과 두 눈이 검은 구덩이 속으로 추락하듯이 빨려 들어가기 시작하는 순

간, 악몽은 거기까지였다. 언제나 가장 끔찍한 일이 벌어지기 직
전의 순간에 환자는 깨어난다. 마치 배려라도 하려는 듯, 파국만
은 면하게 해 주겠다는 듯. 가장 끔찍한 것은 이번이 아니라 다음
번이라는 형식으로. 반복강박의 악몽은 주체가 더는 견딜 수 없을
것만 같은 한계에 도달하는 순간 불현듯 물러간다. 환자를 잠에서
깨어나게 하면서. 그리고 이것은 하나의 메시지와 같았다. 해결
되지 않은 상처가 당신의 마음속에서 울고 있다는 사실에 관련된
메시지. 당신은 지금 마치 아무렇지도 않은 듯 살고 있지만, '마치
―인 듯' 세계는 평온한 풍경 속에서 빛나고 있지만, 그러나 아무
것도 해결되지 않았고, 용서되지 않았고, 망각되지도 않았다는 사
실과 관련된 메시지였다. 그것은 설명을 요구하는 무의식 속의 무
엇인가가 침묵의 형식으로 외치는 고함소리와 같았다. 매일 같은
시간에 동일한 방식으로 찾아와 세계의 장밋빛 환상을 일시에 정
지시켜 버리는, 무의식의 은밀하지만 격렬한 항의였다.

　이 현상을 설명하기 위하여 프로이트는 서로 다른 두 가지
이론적 접근을 시도했다. 처음에는 반복강박이 외상적 기억에
달라붙은 고통스런 에너지를 해소시키는 기능을 한다고 생각했
다. 반복하는 사이에 고통은 통제될 수 있고, 축소되고 완화되어
해소될 수도 있다는 생각 때문이었다. 그러나 고통의 반복으로
는 고통을 길들이지 못하는 듯 보였다. 환자들은 반복강박에 결
코 익숙해지지 못했으며, 매번 반복될 때마다 마치 처음인 듯 경
험되는 불안과 공포의 고통이야말로 반복강박의 가장 주요한

특징이라는 사실을 받아들여야 했다. 그리하여 도달했던 생각은 타나토스의, 죽음의 힘이다. 삶의 욕망에 대립하는, 에로스의 힘을 무화시키는 타나토스의 파괴성이 그것이었다. 인간에게는 죽음의 상태로 되돌아가려는 설명할 수 없는 거대한 본능이 존재하며, 반복강박은 바로 이러한 죽음에 대한 경향성의 표현이라는 것이 프로이트의 설명이다. 다소 신화적이기까지 한 이와 같은 설명에 동의하지 못한다 하더라도, 반복강박이 가진 파괴적 힘을 부정할 수 없는 것 또한 사실이다. 그것은 인간 문명이 자신을 방어하기 위해 건설했던 환상의 무능력을 폭로하는 기능인 동시에 마음의 상처를 애도하는 기능이 언제나 성공하는 것은 아니라는 사실을 우리에게 알려주는 중요한 현상이기도 했다. 간단히 말해서, 우리는 모든 것을 그토록 쉽사리 잊고 살아갈 수는 없다는 사실에 대한 증상적 확언이었다.

그런 의미에서, 만일 반복강박이 문명의 무의식이나 개인의 무의식에 남겨진 상처에 대한 치유의 시도로 간주되어야 한다면, 반복강박의 고유한 효과는 또한 그러한 치유가 결코 성공할 수 없다는 사실을 증명할 뿐이다. 그렇지 않고, 반복강박을 인간의 심리에 내재된 거대한 죽음 충동의 힘으로 볼 경우, 그것은 우리의 마음을 완전히 파괴할 수도 있을 결정적인 순간에 도달하지 못하고 다시 물러서는 또 다른 실패를 보여준다.[48] 그런 식

---

48   라깡은 이와 같은 이중의 실패를, 투케tuche와 오토마톤automaton이라는 아리스토텔레스의 개념으로 설명한다. 실재와의 만남은 투케의 형식으로, 언제나 빗나가는 형식으

으로, 치유의 실패와 파괴의 실패 사이에서 반복강박에 고통받는 주체는 영원한 흔들림에 사로잡힌다. 산 것도 아니고 죽은 것도 아닌 심리의 고통이 그를 사로잡고 놓아주지 않는다.

"여러분은 이제 살러 가지만, 나는 죽으러 가야 합니다"라고 말하며 사라졌던 소크라테스, 그에 의해 남겨진 자들의 삶이 정확히 그러하지 않았을까? 남아 있는 자들의 삶에 찾아오게 될 소크라테스의 기억이란 그렇게 악몽의 형식으로 반복강박의 무시무시한 힘을 발휘하게 된 것은 아니었을까? 짐작하건대, 다른 사람은 몰라도 플라톤에게서 소크라테스의 죽음이란 정확히 그러했을 것이다. 잊으려 해도 잊히지 않는, 그의 부당한 죽음은 마치 반복강박의 악몽이 그러하듯이 플라톤을 찾아오기를 멈추지 않는다. 소크라테스의 죽음의 부당함은 기억 저편 망각의 심연 속으로 가라앉고 있는 듯 보였지만, 그러나 플라톤에게만은 그럴 수 없었다. 오히려 살아생전의 모습보다 더욱 강렬하게, 더욱 뜨거운 욕망으로 불타오르고 있는 소크라테스의 형상은 플라톤을 산 것도 죽은 것도 아닌 장소로, 라깡이 두 죽음 사이라고 표현했던[49], 그 어떤 좌표에도 속하지 않는 아토포스의 장소로 이끌려 하고 있었다.

로 실현되며, 그러한 실패의 반복이 곧 오토마톤이라는 것. 1964년 2월 12일 세미나 참조.

49 1960년 6월 22일 라깡 세미나 참조. 여기서 첫 번째 죽음은 법에 의해 남김없이 상징화된 소외된 주체의 죽음이다. 욕망할 수 없는 굽진한 주체의 죽음. 두 번째 죽음은 바로 방복강박이 고통스럽게 파괴를 반복하고 있는 장소의 죽음이다. 라깡에게 주체라는 개념은 바로 이 두 죽음 사이에서의 흔들림 그 자체를 가리키는 용어이다.

양도trado

그리하여 아테네는 소크라테스를 완전히 죽이는 데 실패한 것으로 판명된다. 오히려 그 반대였다. 소크라테스의 유령은 살아생전의 모습보다 더욱 파괴적인 형상이 되어 도시를 떠다니기 시작했다. 광장에서 사람들의 수군거리는 대화 속에 소크라테스가 마지막 변론에서 외쳤던 단어와 문장들이 튀어나오곤했다. 그의 말들은 여전히 수수께끼와 같았고, 이해되지 않았지만, 그렇다고 무시될 수도 없었다. 죽음 앞에서 그가 보여주었던 광기에 가까운 당당함은 어떤 죽음이란 삶보다 더 가치 있는 것은 아닐까, 라고 하는 의심마저 들게 할 정도였다. 어떤 죽음은 삶의 반짝임을 압도하는 눈부신 섬광을 발할 수도 있다는 사실을 사람들은 이제 알게 된다. 그러한 방식으로 아테네가 믿었던 정의와 불의가 혼동되며, 올바름과 나쁨이 뒤섞이고 있었다. 소크라테스를 죽인 자신들의 법이 되레 소크라테스의 범죄를 빛나게 하고 있었던 것이다. 소크라테스를 따르던 제자들에게도 사정은 마찬가지였다. 그들의 스승은 죽음을 선택함으로써 제자들이 기대해 마지않았던 마지막 진리의 해석으로부터 갑자기 달아나 버렸기 때문이다. 그토록 허무하게 사형당하고 나자, 스승이 살아생전에 보여주었던 태도의 미스터리함이 해소되기는커녕 오히려 증폭되고 만다. 안 그래도 알아들을 수 없었던 스승의 말들은 그의 죽음으로 인해 영원히 풀리지 않는 수수께끼가 되어버린다. 소크라테스가 남긴 것, 제자들에게 양도한 것은 말의 무의미였기 때문이다. 그것은 말의 균열이고, 스스로 공백을 자처하는 말들, 공허한 문장들이다. 달리 표현하면, 그것은 고립된 말들이고, 아테네의 지식으로부터 단절된 말들이었다는 의미에서 미친 말들, 광기의 말들이었다. 전자이건 후자이건 의미를 상실한 것처럼 보이는 헛된 언어였다는 점에서는 매한가지다. 살아남은 자들에게 소크라테스가 남겼던 말들은 아테네의 지식체계에 균열을 도입하는 언어였고, 광기를 퍼뜨리는 병원균에 다름 아니었으니까. 그런 의미에서 소크라테스가 제자들에게 유산으로 남긴 것, 즉 양도[50]한 것은 공백이거나 광기, 또는 둘 모두였다. 공백의 광기. 단지 텅 빈 것이 아니라, 그러한 텅 빔에 사로잡히도록 만드는 일종의 정신병. 반복강박이 되었든, 그와 유사한 또 다른 심리현상이 되었든, 제자들의 마음속을 찾아와 그들의 삶을 뒤흔들고야 마는 어떤 광기가 그곳에 있

---

50 『요한복음』은 이 재판 과정을 서술하는 내내 '파라도켄paredoken('넘겨주다'라는 뜻, 불가타 성서 번역 tradidit)' 그리고 복수로는 '파라도칸paredokan(불가타 성서 번역tradiderunt)' 이라는 동사를 너무나 끈질기게 사용하고 있어서 도무지 이것을 우연으로 치부할 수가 없을 정도이다. 어느 모로 봐도 예수의 수난 이야기에서 핵심은 '인계consegna', 즉 그 말의 본래적인 의미에서 '넘겨줌tradizione' 외에 다른 것일 수 없다." 조르조 아감벤, 『빌라도와 예수』(조효원 옮김, 꾸리에, 2015) 8장 참조.

었다는 사실에는 의심의 여지가 없다. 그것은 현실을 부정하도록 만든다는 의미에서 고통이었고, 전혀 다른 세계를 꿈꾸게 한다는 의미에서는 지고의 쾌락이었다. 고통과 쾌락을 뒤섞는 주이상스. 다른 사람은 몰라도 플라톤에게서 우리가 발견하는 것은 정확히 그와 같은 심리의 상태, 즉 죽음에 대한 매혹이다. 소크라테스가 전 생애를 통해 보여주었던 바로 그것. 죽으려는 욕망, 몰락하려는 욕망. 자신을 사로잡는 고정관념의 체계를 죽음으로 이끌어가려는duco 욕망이지 않았는가? 그리하여 삶의 마지막 순간에 실현시킨 바로 이 기이한 욕망이 플라톤에게 양도되었다는 사실을 어떻게 부정할 수 있을까? 스승이 준 것이란 다른 어떤 지식도 아닌 바로 이것, 흔들림에 대한 욕망이란 사실을 어떻게 보지 못할 수 있는가? 바로 이 지점에서 우리는 소크라테스가 다른 모든 멘토들과 어떻게 구분되는지를 발견할 수 있다. 그는 지식의 카타르시스가 아닌 욕망의 흔들림을 플라톤에게 양도하고 있었다. 라깡이 카타르시스라는 정신분석의 요법을 비판하면서, 오직 흔들림만이 윤리적인 감정이라는 사실을 강조하며 말하고자 했던 바 역시 같은 논리에 속한다.[51] 소크라테스의 한 마디 한 마디는 제자들에게 세상을 설명하고 인간의 본질을 밝혀주며, 사랑이란 무엇인지, 올바름이란 무엇인지를 세세하게 분석하여 깨달음의 쾌락에 도달하도록 만드는 지적 카타르시스 기능을 결코 하지 않았다. 오히려 소크라테스의

51　1960년 5월 25일 라깡 세미나 참조.

말들은 이러한 카타르시스를 금지함으로써 지적 욕망을 실패로 돌아가게 만드는 궤변[52]의 영역에 속했다. 그의 말들은 이해하도록 만드는 대신 의심하도록 만들었고, 확신하도록 만드는 대신 절망하도록 만들었다. 그의 말들은 그렇게 신념의 탑을 쌓는 언어가 아니라 그것을 타락으로 이끄는 전략적 언어의 체계였다. 화해시키는 언어가 아니라 분쟁을 초래하는 싸움의 단어들이었다. 소크라테스가 유산으로 남긴 것은 바로 이러한 투쟁의 말들이며, 그 자체로는 아무런 의미도 가질 수 없는 분쟁의 단어들, 죽음의 언어였다. 지적인 완성에 도달하는 것을 금지하는, 흔들림의 언어들. 바로 이들을 유산으로 남기는 행위를 양도라 부를 수 있을까? 그것은 무언가를 주는 행위라기보다는 줄 수 없음 그 자체를 주는 행위라는 의미에서 특수한 양도의 형식을 취한다고 할 수 있지 않을까? 이러한 종류의 양도를 설명하는 역사 속 또 다른 사례는, 아감벤이 『빌라도와 예수』에서 암시했던 양도의 유형이다. 예수가 자신을 세상에 양도한다는 것은, 신에 대한 확신이 아니라 의심을 양도한다는 것이며, 그런 의미에서 예수가 세상에 가져와 선물한 것, 즉 양도한 것은 균열이며 공백이라는 의미에서의 양도. 바로 이 균열로부터 전혀 다른 세계가 출현해야만 했고, 그것이 신약의 세계였다는 관점에서의 양도. 예수는 사도들에게 바로 그러한 새로움이 출현할 수 있는 텅 빈 공간, 공백의 장소를 양도했던 것이고, 이와 동일한 패러다임을 소

---

52 궤변이란 소크라테스의 변증론을 사람들이 비꼴 때 썼던 표현이다. 플라톤, 『국가』(천병희 옮김, 숲, 2013) 참조.

크라테스에게서 발견하게 되는 것은 결코 우연이 아니다. 둘 모두, 진리에 대한 병적인 욕망의 동일한 구조를 드러낸 전형적 인물들이기 때문이다. 이로부터 우리는 소크라테스가 제자들에게 자신을 표현했던 다음과 같은 문장을 비로소 이해할 수 있게 된다. 그는 말한다.

> "나는 한 번도 어느 누구의 선생이 되어본 적이 없습니다. 물론 내가 본업을 수행하고자 대화하는 것을 누가 듣고 싶어 하면, 노소막론하고 누구에게도 이를 거절한 적이 없습니다."(51, 33a)

단 한 번도, 어느 누구에게도 지식을 가르치려 시도한 일이 없다는 이 선언은 공백의 양도가 가르침이 될 수 있는지에 대한 의문과 함께 고려되어야 한다. '무지의 지'를 양도하는 자는 존재하는 지식의 가능성에 관하여 무심하다. 그것은 이미 알려진 세계의 유한성을 지탱하기 위한 지식이고, 그런 의미에서 억압하는 지식, 한계를 긋고 그 내부로 존재를 가두는 지식이기 때문이다. 그와 반대로 소크라테스는 불가능성을 도입하려 했고, 그것을 전수하려 했다. 그로부터 불가능해 보이는 미래의 시간을 창안해 낼 것을 촉구했다. 죽음이 눈앞에 다가오고 있었던 변론의 한가운데서 소크라테스가 했던 이 말들, "단 한 번도 어느 누구의 선생이 되어본 적이 없었다"는 문장은 마지막 유언의 형식으로 그의 제자들에게 전달되고 있었다. 방청석에 앉아 소크라테스의 한 마디 한 마디에 온 정신을 집중하고 있었던 그의 제자들에게 소크라테스는 자신이 결코 스승이 되려고 했던 적이 없었다고 선언하고 있는 것이다. 자신의 철학은 지식도, 과학도 아니라고 말하고 있었다. 그러니 자신으로부터 무언가를 배우려 했다면, 이제 그것을 깨끗이 잊어버리라는 것이다. 이로써 소크라테스는 그가 제자들에게 줄 수 있는 가장 값진 것을 주려고 하고 있다. 그것은 소크라테스 자신이 평생을 찾아다녔던 공백이고, 균열이며, 새로운 사유가 출발하려면 필연적으로 소유해야만 하는 허무의 공간이다.

그러한 방식으로, 양도된 균열의 말들은 제자들에 의해 다시 해석되고 번역되어야 하는 이방의 언어로 남는다. 플라톤이 평생을 실천하게 될 이 작업은, 아마도 상식적 의미의 그것과는 전혀 다른 종류의 해석과 번역을 요구하고 있을 것이다. 그것은 불가능성의 번역이며, 중세의 신학자들이 신비주의적 해석, 아나고지아anagogia라 불렀던, 일종의 창조를 요구하고 있기 때문이다.

번역traduco

다시 강조하건대, 소크라테스로부터 양도trado된 공허의 말들이 보편성을 획득하기 위해서는 번역traduco되어야 한다. 그렇지 않다면, 그의 말들은 단지 공백을, 죽음을 지시할 뿐이니까. 단지 양도된 채로 말들을 떠돌게 한다면 우울증의 사태를, 실어증이나 거식증의 사태를 초래할 뿐이다. 양도라는 말의 라틴어가 너머tra로 준다do는 의미로 분절되어 있다면, 이렇게 주어진 것을 이끌어가는duco 것은, 그것을 저쪽에서 이쪽으로 데려가는 것은, 입에서 입으로 전하여 통역하는 것은, 넘겨받은 자의 소명klesis이다. 번역되지 못한 죽음의 언어는 악몽의 형태로 찾아와 반복강박의 고통만을 지속시킬 뿐이니까. 세상을 몰락시키려는 죽음 충동의 말들을 애도하고 싶다면, 그에 걸맞은 새로운 표현을 찾아주어야 한다. 소크라테스가 자신의 주이상스를 지시했던 첫 번째 기표이자 고독의 문자인 그것에 스스로를 설명할 다른 기표를 연결해 주어야 한다. 실패한 애도에 새로운 노래를 불러주어야 한다. 낡은 세계에서는 거처를 찾을 수 없었던 단어와 문장들을 위해 새로운 접속의 담화들을 찾아내고, 연결하고, 조합하는 지난한 작업이 시작되어야 한다. 수학자들을 따라서 바디우가 촉성forcing이라 불렀던 그러한 작업. 중세의 성서해석학자들이라면 아나고지아라고 불렀을 그러한 창조적 번역의 작업이 요청된다. 소크라테스의 죽음의 말들, 미친 말들이 의미를 가질 수 있도록 새로운 문장들이 세공되어야만 한다.

그런 의미에서 플라톤에게 요구된 작업이란 번역 불가능 in-traduisible한 것에 대한 번역traduction의 시도라고 볼 수 있지 않은가?[53] 소크라테스의 말들이 왜상歪像이었다는 사실을 기억해 보자. 그것은 그것이 던져진 세계의 지식과 그 어떤 근친성도 갖지 않았다. 그가 죽고 난 지금도 사정은 변하지 않았다. 그의 미스터리한 목소리는 플라톤의 강박증 속에서나 울림을 가질 뿐이라고 할 수 있었으니까. 이로부터 번역 불가능성이라는 사태가 초래된다. 왜상을, 일그러진 언어를 어떻게 번역할 수 있을 것인가? 스승의 죽음 이후 남겨진 말들의 잔해와 함께 우울증의 텅 빈 공간에 머물게 된 플라톤은 어떻게 자신의 소명klesis을 실현할 수 있을 것인가?[54] 이에 대한 답을 찾기 위해 플라톤이 할

---

53 도입하다의 3인칭 단수형 introduit을 변조하여 번역 불가능하게intraduit 하다라는 의미로 비교, 전유하고 있는 라깡의 언어 유희를 참조하고 있다. 『세미나 11』의 후기에서 라깡은 제임스 조이스의 읽힐 수 없는 문자에 관하여 언급하며 번역 불가능성을 이야기한다.

54 소명의 개념에 관하여서는, 아감벤의 『남겨진 시간』을 참조할 것. 필자는 지금 소크라테스와 플라톤, 그리고 예수와 사도 바울의 관계를 상호 참조되는 대상으로, 동일한 패러다임의 변주들로 간주하고 있다.

수 있는 유일한 행위는 스승의 욕망을 모방하는 것이다. 죽음을 욕망하는 것. 자신의 신체의 죽음이 아니라, 세계의 죽음을, 고정관념의 죽음을 욕망하는 것. 세계의 이념을 비추는 작은 거울에 불과한 자신의 자아의 몰락을 욕망하는 것 말이다. 소크라테스가 자신의 왜상을 바라보기 위해 섰던 위치, 세계의 그림으로부터 완전히 이탈한 비스듬한 위치에서 세상을 욕망하는 것. 이를 위해 플라톤 역시 소크라테스가 양도한 왜상 이미지의 의미를 알아볼 수 있는 위치로 간다. 관객의 장소로부터 물러나 그림의 외부로 나가는 소명을 실천한다. 만일 플라톤의 위대함이 강조되어야 한다면, 바로 이러한 요청에 응답한 소크라테스의 유일한 제자였다는 사실에서 찾아져야 한다. 오직 그만이 소크라테스의 죽음의 언어를, 아테네를 몰락으로 이끄는 언어를 생의 언어로 번역해 내야 하는 사명을 감당하려 했기 때문이다.

그리하여, 스승이 남긴 말의 단편들, 기억의 단편들, 어쩌면 악몽의 단편들인 그것에 의존하여 그것들을 다시금 현재의 언어로 번역해 내는 평생의 작업이 시작된다. 그런데 이것은 현재를 다시 창조하는 작업에 다름 아니다. 왜냐하면, 소크라테스의 언어는 현재를 부정하게 만드는 죽음의 언어인 동시에, 그로부터 지금 이곳이 아닌 저 너머의 도래할 현재를 촉구하는 언어이기 때문이다. 그것은 라깡이 『세미나 11』의 출간을 위해 썼던 후기에서 introduit, 즉 도입하다—라는 용어와 번역 불가능하게 하다—라는 intraduit의 음성적 유사성을 통한 언어의 유희

속에서 드러내고자 했던 텍스트의 윤리학과 동일한 것을 촉구한다. 일반적으로 하나의 새로운 언어를 공용어 내에서 번역한다는 것은 그것을 현재의 가능한 언어 관습에 끼워 맞추는 방식으로 이해의 가능성에 도달한다. 그러나 이것은 새로운 언어의 가치를 심각하게 훼손할 뿐이다. 그것의 모난 부분이 잘려 나가고, 거친 부분이 마모될 뿐이다. 그러나 모난 부분은 참신함이었고, 거친 부분은 그러한 참신함을 지탱하는 디테일의 주름들에 다름 아닐 수도 있다. 따라서 하나의 새로운 언어를 진정으로 사랑하여 번역한다면 그것의 날카로움을 그대로 수용해야 한다. 그리하여 현재의 공용어 속으로 들어온 새 언어의 폭력을 견뎌내야 한다. 새 언어는 현재의 언어에 상처를 도입하고, 흔들림을 조장하며, 마침내 몰락을 초래할 것이기 때문이다. 이와 같은 과정에서 우리는 번역 불가능한intraduisible 언어를 사랑하는 과정이란 하나의 새로운 세계를 '도입introduire'하는 과정에 다름 아니라는 사실을 알게 된다. 번역의 불가능성이란 현재의 가능한 세계를 폭파시키는 도래할 진리의 역능이라는 사실도 알게 된다. 플라톤이 자신을 둘러싼 현재의 지식 체계에 맞서서 소크라테스의 언어를 번역해 내려 했던 삶의 여정에서 우리가 발견하게 되는 것 역시 그것이다. 번역이 불가능한 언어에 대한 번역을 시도함으로써 현재의 언어를 몰락으로 이끄는, 그리하여 새로운 세계의 도입을 초래하는 번역의 실천.

공백의 해석학

이제까지의 논의를 따라온 독자들은 플라톤의 삶이 어떤 의미에서 창조자의 삶이었다는 사실에 동의할 수 있을 것이다. 소크라테스가 공백을 창조한 자였다면, 그의 제자 플라톤은 바로 그 공백을 채우는 새로운 사상을 창조해 냈다고 말할 수 있기 때문이다. 그런데, 이 둘의 관계는 절대적 차이의 장소에서 진리가 출현하여 보편화되는 일련의 과정 전체에 포함된다는 의미에서 분리 불가능하다. 둘은 하나이고, 하나의 진리 과정은 둘의 전개를 요청한다. 달리 말하면, 소크라테스의 문자들이 지식의 표면에 균열을 내고 상처를 만드는 날카로운 구조로 되어 있었고, 그와 같은 날카로움으로 세계-관념의 미끈한 표면을 잘라 균열을 창조했던 것이라면, 이를 봉합하는 새로운 보편성의 둥금을 창조해 냈던 것은 플라톤이라는 말이다. 물론 이 둥금은 그가 살고 있었던 시대의 보편성의 몰락이라는 대가를 치르고 난 후에 획득된 것이기에 전혀 새로운 곡선이고, 보다 확장된 커브의 둥금이다. 바로 이것을 세공해 내기 위해 평생을 바쳤던 플라톤의 모습이란 머리가 하얗게 새버린 해석학자의 이미지와 닮았다. 스승에 의해 양도된 죽음의 문자를 따라서 문장을 연결하고, 다시 이것을 문단으로 전개시키는 과정에서, 죽음의 언어를 삶의 언어로 전환시키기 위해 동이 터오는지도 모르고 글쓰기에 열중하는 플라톤의 모습. 그것은 죽음의 한가운데로 걸어 들어가는 누군가의 뒷모습인 동시에, 그곳에서 살아 돌아오기 위해 새로운 도구로서의 언어를 주조해 내는 투사의 모습이기도 하다. 만일, 소크라테스의 언어들이 그를 죽음의 심연 속으로, 사유의 검은 바닥인 그곳으로 끌고 내려갔던 것이라면, 다시금 살기 위해 수면 위로 헤엄쳐 나와야 한다. 철학이란 죽음을 위한 것이 아니라 살기 위한 실천이기 때문이다. 그것은 낡은 사유의 주름들 사이로 스며든 권력의 먼지를, 그것의 무게를 털어내며 다시 날아오르는 사유의 실천이기 때문이다. 만일 우리가 플라톤의 저작 속에 등장하는 수많은 이론들의 안개 너머에서, 언젠가는 단지 또 다른 유한성의 지식으로 고착될 숙명인 지식의 자욱한 안개 너머에서 그의 욕망만을 순수하게 추출해 낼 수만 있다면, 우리가 발견하는 것은 그와 같은 비상飛上에 대한 욕망이다. 바로 그런 의미에서 플라톤의 작업은 '공백의 해석학'이라고 불릴 수 있다. 그는 소크라테스에 의해 남겨진 몰락의 언어, 죽음의 언어이며 허무 그 자체를 지시하는 공백의 문자를 새롭게 해석해 내는 하나의 전통을 확립해 내지 않았는가? 공백을 등지고 죽음의 유희를 벌이던 소크라테스의 광기의 언어를 번역해 내는 해석학의 전통을 도입하여 정립하지 않았는가? 소크라테스가 다른 무엇과도 바꾸기를 허용하지 않았던 공백을, 그가 소유했던 유일한 지식이었던 '무지의 지'를 새롭게 전유하는 실천의 정립. 그것은 죽음을 삶으로 은유하는 도약이라는 의미에서의 철학적 욕망의 전통의 수립에 도달하고 있다. 왜냐하면, '철학'이라는 사변적이게만 보이는 학문적 실천의 중핵에는 그와 같은 투쟁의 욕망이 도사리고 있어야만 하기 때문이다. 플라톤이 했던 것은 다름 아닌 그것을, 죽음을 삶으로 해석해 내려는 투쟁의 실천을 평생을 통해 보여주었던 것이고, 그것이 전통으로 확립될 수 있도록 아카데미를, 즉 학교를 수립했던 일이다. 소크라테스로부터 시작된 공백의 양도가, 죽음의 전수인 그것이 역사 속에서 지속되는 동시에, 그에 대한 새로운 해석학의 출현 또한 지속될 수 있도록. 간단히 말해서, 진리의 전통이 반복될 수 있도록 말이다. 세상을 지배하는 속견이 우리 안에서 그토록 쉽사리 반복되는 것을 멈출 수 있는 공백의 도입과 그에 대한 해석의 반복이 지속될 수 있도록. 그처럼 반복되는 불가능성의 양도와, 그에 대한 창조적 해석이라는 실천 속에서 세계가 매번 다시 창조될 수 있도록 말이다.

일상의 반복을 멈추는 반복

이제 정리해 보자. 이제까지 우리의 탐사가 철학의 기원이라는 신화적 상상력 속에서 찾으려 했던 것은 바로 그와 같은 반복이었고, 그에 대한 욕망이었다는 사실이 밝혀진다. 타자로부터 주어지고 각인된 우리 자신의 삶에 관한 소외된 욕망의 반복을 멈추려는 욕망. 고정관념의 권력이 내 안에서 반복되는 것에 저항하려는 욕망의 반복. 그것은 과거가 반복되는 것에 대항하여 미래를 반복하려는 욕망에 다름 아니다. 이러한 저항이 또한 반복의 형식이어야 하는 이유는 도래하는 순간 과거의 권력이 되어버리는 미래의 속성 때문이다. 모든 새로움은 실현되는 순간 낡은 권력이 되므로. 바로 그런 의미에서이지 않았을까? 소크라테스가 스승이 되기를 거부했던 것은. 자신의 지식이 제자들의 삶 속에서 반복되는 것을 거부하기 위해서. 그보다는, 자신이 욕망했던 공백이, 허무가, 몰락이, 그의 제자들의 삶 속에서 역시 반복되기를 그는 욕망하지 않았을까? 그리하여 공백을 욕망한다는 가장 순수한 형태의 진리가, 오직 동사적인 형식으로 반복

136

될 수 있도록. 실체가 아니라 행위[55]로서의 진리의 반복. 명사나 형용사의 세계는 현재의 고정관념의 질서에 장악당해 있을 테니까. 명사나 형용사가 아닌 동사로서의 진리 실천. 그의 표현을 빌자면, '캐묻는' 실천의 반복. 이제까지 우리가 소크라테스의 변론 속에서, 그리고 플라톤의 욕망 속에서 탐사하려 했던 것은 바로 그러한 욕망의 구조가 드러나는 사건적 장소였다. 서구 역사 속에서 처음으로 공식화된 공백과 광기의 양도, 그리고 이에 대한 해석학의 투쟁이 출현하는 사건적 자리. 이것은 세계를 지배하는 이데올로기의 권력이 주체의 삶 속에서 반복되는 것에 저항하는 반복이라는 하나의 정치-윤리적 구조를 또한 드러내어 보여주는 사건이다. 그리고 이러한 저항적 반복은 역사 속에서 다시 반복되기 시작한다. 이미 수차례 강조했던 것처럼, 예수와 그의 사도들 사이에서 구성되는 반복이 그러했다. 또는, 고대 그리스의 예술과 르네상스 예술가들 사이에서의 반복이 있다. 혹은 세잔과 피카소, 그리고 피카소와 베이컨 사이의 반복. 그리고 필자가 이 책을 쓰게 된 가장 실질적인 계기가 되었던 프로이트와 라깡 사이의 반복이 그것이다. 서구 문명의 환상과 신화를 남김없이 몰락으로 이끌었던 프로이트의 죽음의 언어를 전유하는 과정 속에서 그것을 새롭게 해석해 냈던 자크 라깡의 평생에 걸친 작업은 소크라테스와 플라톤의 그것을 정확히 반복하고

---

55 행위의 개념은 무의식의 충동이 고정된 관념들의 질서를 거치지 않고 직접적으로 출현하는 주이상스의 전형적인 표현 방법이다. 정신분석은 이것을 행위화라고 부른다. Passage à l'acte. 그것은 현재의 관념적 질서와 권력에 의해 지배되는 주체의 무의식이 자신을 표현하는 저항적 방식이다.

있기 때문이다[56]. 바로 그런 의미에서였다. 소크라테스의 욕망을 철학의 기원이라는 신화적 상상력 속에서 탐사하려 했던 이유. 이것은 소크라테스라는 인물을, 그리고 플라톤이라는 인물을 역사 속에 표지된 단 한 번의 사건으로 이해하는 것을 금지한다. 이들의 욕망은 반복 속에서 보편적인 패러다임을 구성해 내는 데 성공했기 때문이다. 그리하여 우리는 이 책이 말하는 '철학적 욕망'이라는 개념이 우리 모두의 욕망에 적용 가능한 하나의 보편적 형식에 다름 아니었다는 사실을 이해할 수 있다. 젊은 이들을 타락시킨 죄로 사형을 선고받은 어느 철학자의 욕망에 대한 탐사는 그러한 방식으로 세계를 바라보는 하나의 시점을, 보다 엄밀히 말하자면 아토포스적 탈-시점을 우리에게 제공한다. 필자가 예수를, 사도 바울을, 갈릴레이를, 스피노자를, 카라바조를, 사드를, 보들레르를, 마네를, 고흐와 고갱을, 발튀스를 (그리고 우리의 나혜석과 마광수를, 김중만을, 홍상수를) 바라보는 시점이 정확히 그것이다. 병든 영혼들. 히스테리와 성도착 그리고 망상증의 구조 속에서, 지배적 담론으로부터 정신병적이라 비난받던 특수한 욕망의 구조 속에서 꿈틀거리던 욕망의, 병들었다고 단죄된 타락한 주체들이 결국은 새로운 세계를, 최소한 그들과 관련된 하나의 새롭고 강력한 일상을 도래하도록 만들게 되

---

56 플라톤과 라깡을 비교하는 것에 거부감을 느끼는 독자도 있으리라. 플라톤 철학의 강박적 특징. 파시즘적 특징을 라깡의 급진성에 비유하는 것은 적절치 못하다고 생각할 수도 있기 때문이다. 그러나 필자가 라깡과 비교하려는 플라톤의 그것은 욕망의 구조이지 그의 지식이 아니다. 플라톤의 욕망이 가진 급진적 면모는 현재의 관점에서 파악된 그의 지식 체계를 비판하면서 이해될 수 있는 것은 아니기 때문이다.

138

었다는 의미에서. 바로 그게 철학이고 철학적 욕망 아닌가? 고정관념의 권력이 반복되는 것에 저항하도록 만드는 실천 말이다. 바로 그런 이유에서이다. 이제 우리가 욕망에 관한 우리 자신의 가장 소소한 신화들에 집중해야 하는 것은. 필자가 소크라테스라는 역사 속의 아득한 인물을 책의 주제로 선택한 것은 그것이 즉각적으로 우리의 일상에서 벌어지고 있는 욕망의 신화와 타락의 과정을 은유할 수 있다고 믿었기 때문이니까. 안 그랬다면, 이 책이 이제껏 따라왔던 정신분석 이론의 굴곡지고 사변적이던 탐사의 여정들이 무슨 소용이겠는가? 지구 반대편에서 수천 년 전에 사망한 소크라테스와 그 제자의 관계를 다시 들먹이는 것이 무슨 '현실적 이득'을 가져다 줄 것인가? 그것이 오늘 당장 우리에게 닥친 삶의 문제를 해결하는 데 단초가 되어주지 못한다면. 오늘 당장 우리가 우리 자신일 수 있도록 만드는 존재와 관련된 가장 실질적 이득을 제공하지 못한다면 말이다. 혹은, 우리가 우리 자신이라고 믿고 있었던 자아의 이미지를 죽음에 이르게 하고, 그 너머에서 다른 누군가가 될 수 있게 하지 못한다면 말이다. 철학은 바로 그것을 가능하게 만드는 욕망이고, 그래서 죽음에 대한 욕망이며, 그런 죽음을 전유하여 전혀 새로운 판본의 세계를 가능하도록 만드는 번역의 기술이지 않은가? 우리 자신의 삶을 전혀 다른 방식으로 사유하도록 만들어 주는 창조적 해석학. 우리 자신의 그토록 유한하며 그래서 소외된 욕망을 무한성에로 개방해 주는 기술. 히스테리로부터 정신병으로, 그런 다음 예술적 창조의 강박증으로 주체를 흐르게 하는, 욕망

을 다루는 테크닉. 한없이 지루한 삶의 소외된 반복을, 어제와
동일한 오늘의 시간을 멈추게 만드는 어떤 기술에 관련된 지식.
철학은 바로 그것이고, 그것일 수밖에 없다. 반복을 멈추는 반복
으로서의 기술을 통해 주체의 소외로부터 빠져나가는 반복운동
이 곧 철학이라는 말이다.

애도를 애도함

소크라테스라는 서구 철학사의 영웅을 정신병자 취급하며 시작되었던 조금은 무례했던 이 책의 여정은 그렇게 우리 자신을 종착지로 삼으며 끝나야 한다. 그럴 수밖에 없다. 철학이란 삶을 위한 것이고, 그것도 바로 우리 자신의 삶을 위한 것이며, 그중에서도 바로 오늘, 지금, 당장의 삶을 위한 것이기 때문이다. 그러지 못하는 것은 철학이 아니다. 소크라테스가 목숨을 걸고 투쟁했던 것은 바로 그 자신의 삶이 진실해지기 위해서였던 것이니까. 그 어떤 초월적이며 신적인 지혜를 위한 것도 아니라고 스스로 말했으니까. 그의 욕망을 철학의 기원으로 가정한다면, 바로 그러한 욕망이 우리 안에서도 반복되어야만 한다면, 이제 마지막으로 그러한 반복은 애도를 애도하는 우리 자신의 죽음에 대한 욕망의 문제로 귀결된다는 사실에 주목해 보자. 소크라테스가 변론의 장에서 말했던 모든 단어와 문장들은 이제 곧다가올 그 자신의 예견된 죽음을 미리 애도하는 것에 다름 아니었으니까. 자신의 삶이 타자의 지식과 권력에 의해 섣불리 애도되는 것을 막기 위한 시도이고, 이를 위해 자신의 고유한 언어로 애도의 문장들을 발화하는 시도였기 때문이다. 그는 자신의 제자들에게 죽음을 앞 둔 자가 어떻게 해야 하는지를 시연하고 있었던 것이다. 죽음을 욕망하는 자가 어떻게 그것을 삶의 욕망으로 전회시킬 수 있는지에 관한 일종의 연금술, 또는 하얀 마술을 보여주고 있었다. 왜냐하면 진리와 관련하여 우리의 존재는 언제나 이미 죽은 상태로 제시되기 때문이다. 아이러니하게도, 모든 것은 이미 끝장나 있는 채로 시작된다. 삶이란 그런 것이다. 이미 죽은 상태로 시작되는, 좀비와 같은. 프로이트-라깡의 정신분석과 소크라테스의 철학이 가장 두드러지게 교차하는 지점 역시 이곳이라 할 수 있다. 삶은 죽은 채로 시작된다는 일종의 염세주의적 시각. 어린아이가 언어로써 자신을 표현하고 세계를 이해하는 삶을 시작하는 순간 그의 존재는 바로 그러한 언어로 반쯤 살해되어 좀비의 삶을 시작하지 않는가? 그의 존재는 이미 부모의 욕망과 부모가 속한 공동체의 욕망을 구성하는 말들에 사로잡히지 않는가? 아이는 자신이 누구인지를 질문하기도 전에 자신이 누구여야만 하는지에 관한 이데올로기에 온전히 포획되고 만다. 그렇게 우리 자신의 인생은 그 시작에서부터 이미 끝에 도달해 있고, 일생 동안 그러한 모순적 시간을 달려야 한다. 열정적이지만 제자리걸음에 불과한. 우리의 삶은 이미 사망한 존재에 관하여 세상이 불러주는 애도의 노래가 도돌이표를 중심으로 반복되는 장소에 다름 아니다. 오늘의 나는 어제 죽은 나에 관한 일종의 에필로그이고, 내일은 오늘의 그것에 다름 아닐 터이고, 기타 등등. 소크라테스 역시 우리 자신이 진리에 소외된 채로 속견에 사로잡혀 이미 죽어 있음을 플라톤의 입을 빌어 말한다. '동굴의 우화'로 설명되는 은유가 그것이다. 그 속에서 우리의 존재란 다름 아닌 죽은 그림자의 형상이었다. 그림자의 그림자로서의 죽은 존재. 세상의 속견이 만드는 거대한 불꽃에 반영된 형형색색의 그림자로서의 헛된 존재 말이다. 이곳에서 우리는 스스로의 존재가 보다 진실한 것이 되고자 하는 욕망을 자연스레 갖게 되지만, 그러나 세상은 바로 이러한 욕망을 다시 가로채는 마술을 부린다. 혹은, 바로 그렇게 가로챈 욕망을 재료로 타오르는 것이 세계라는 거대한 환영의 불꽃이다. 그렇게 욕망을 빼앗긴 우리는 타오르는 불꽃이 들려주는 우리 자신의 죽음에 관한 애도의 노래를 들으며 다시 잠이 든다. 오늘 하루도 나쁘지 않았으며, 내일도 그러하리라는. 포기된 꿈에 대한, 실패한 사랑에 대한, 출간하지 못했던 인생의 책들에 대한, 애도의 노래들 말이다. 철학은, 혹은 일상생활에서의 철학적 태도는 바로 이러한 섣부른 애도의 노래를 거부하는 데서부터 시작되는 것은 아닐까? 실현되지 못한 어제의 꿈에 대한 위로의 노래를 단호히 거부하는 것으로부터, 철학적 욕망은 시작되는 것이 아닌가? 소크라테스의 죽음에 관하여 아테네가 불러주려 했던 애도의 노래를 거부하는 플라톤으로부터 우리가 발견하는 것은 그처럼 단호한 태도이지 않은가? 남이 불러주는 애도의 노래는 존재를 두 번 죽이는 것에 다름 아니기 때문에. 그러한 애도의 노래가 울려 퍼지는 세계가 잠시 잠이 드는 몽환적 순간에 찾아온 소크라테스의 반복강박적 유령이 요구했던 것은 그것을 당장 멈추고 스스로 노래를 불러 보라는 요구였다. 세상이 불러주는 애도의 노래에 빠져드는 것을 그만 두라는 요구였다. 그토록 달콤한 죽음과 망각의 멜로디로부터 깨어나라는. 그리하여 다소 거칠고 조야하더라도 당신 자신만의 애도의 노래를 시작하라는. 그리고 이것은 우선 먼저 존재하는 애도의 노래에 대한 또 다른 애도의 형식을 취할 수밖에 없다. 우리 자신의 존재를 살해하는 동시에 한줌의 삶의 환영을 공급해 주는 애도의 노래를 죽음으로 이끌기 전에는 무엇도 새롭게 시작될 수 없기 때문이다. 애도를 애도한다는 개념의 구조는 그렇게 되어 있을 뿐이다. 세계의 환상에 장례를 치러주는 것. 무한히 강력해 보이지만 사실에 있어서는 한없이 보잘 것 없는 환영일 뿐인 그것에 애도의 노래를, 이번에는 우리 자신이 불러주는 것 말이다. 세계라는 거대한 스펙터클의 관객석을 박차고 나가는 것. 무대 위에서 공연되는 잘 짜인 삶의 드라마라는 것이 결국은 죽음의 드라마였다는 사실을 받아들이는 것 말이다. 바로 이것을 알리기 위해 소크라테스는 아테네를 방황하며 사람들의 고요한 영혼에 돌을 던지기를 고집했던 것 아닌가? 자신을 등애라 표현하며, 사람들의 잠든 영혼에 찾아와 악몽 같은 괴롭힘을 반복하던 소크라테스의 목소리. 그것은 그 자신이 들었다고 주장하던 악령의 목소리 바로 그것 아니었을까? 라깡이 질문을 던졌던 것처럼, 악령의 목소리란 소크라테스 자신의 욕망의 목소리의 반영에 불과했던 것은 아니었나? 그의 죽음 이후에 플라톤이 들었던 목소리, 그리고 수천 년이 지난 이 순간 지구 반대편에서 우리가 듣고 있는 바로 그 목소리. 필자의 책을 관통하는 그 음성은 철학적 욕망의 목소리이며, 우리 자신의 깊은 곳에서 들려오는 가장 진실한 욕망의 목소리였다고 할 수 있지 않을까? 그리하여 "나는 악령의 목소리를 듣는다"라는 소크라테스의 정신병에 관한 명제는 진리의 욕망에 관련된 것이라는 사실이 비로소 이해될 수 있게 된다. 그것은 자신을 정상성의 화신으로 내세우는 세계의 지식과 권력에 대항하며 스스로를 기꺼이 비정상이라 자처하는 철학적 욕망의 목소리였다. 선한 것이 무엇인지를 결정하는 고정관념의 권력에 대항하여 악의 위치를 담담히 수용하는 목소리이다. 정상적이며 선한 세계에 속한 당신들의 세계가 갇힌 유한성을 돌파하기 위한 '영혼의 병'에 기꺼이 감염되고자 했던 악의 꽃을 든 남자의 목소리. 이 책의 문장들은 바로 그와 같은 '진리의 병'에 감염된 자로서의 소크라테스를 해명하기 위한 짧은 우회로의 여정이었다. 그것은 상식의 세계에 갇힌 우리 자신의 유한성을 벗어나고자 하는 철학의 고유한 욕망의 기원을 설명하기 위해 선과 악을 뒤집고, 정상과 비정상을 뒤집는 조금은 도발적인 시도였지만, 단언컨대, 진리는 그러한 모습이라는 주장을 필자는 포기하지 않으려 한다. 진리는 주어진 세계의 조화가 아니라 도래할 세계의 단초가 되는 일그러진 형상 속에서 찾아질 것이라는 태도를. 그런 이유에서이다. 우리를 위해 누군가 불러주고 있는 애도의 노래는 다시금 애도되어야 한다는 주장을 포기할 수 없는 것은.

에필로그

✸

소크라테스는 어디에나 있다

이 책의 중반부를 쓰고 있을 즈음, 나는 스케이트보드를 타기 시작했다. 누구든 대충은 알고 있듯이, 스케이트보드란 사십육 세 나이의 남자가 건강 따위를 위해 시작할 수 있는 운동은 아니다. 위험으로만 따지자면 종합격투기를 훨씬 웃도는 사고 빈도를 자랑하는, 보드 타기란 중년남에게는 목숨을 거는 행위와 같아 보였다. 최소한, 비교적 겁이 많은 나에게는 그랬다는 것인데, 우려를 증명이라도 하는 듯 사고는 나를 비켜가지 않았다. 왼쪽 손목이 부러지지 않을 만큼만 꺾여 버린 것이다. 에필로그를 쓰는 지금 나의 왼손에 감긴 붕대가 이 모든 사태를 증언하고 있다. 그럼에도 나는 작업이 끝나는 오후에는 기어코 스케이트보드를 타러 나가려 한다. 붕대를 감고서. 도대체 어떤 욕망이 나를 사로잡고 있기에?

시작은 모호했다. 서핑을 좋아했고, 그럼에도 바다로 나가는 기회는 휴가 때로 한정되어 있었으므로, 그 대신 보드를 타면 어떨까 하는 반신반의 하는 마음. 보통 이렇게 구입된 보드는 2주정도 뒤에는 창고행이다. 그런데 그렇게 되지 않도록 만드는 사건이 하나 있었다. 구입은 했으니 데크에 발이나 올려 보자 하는 마음으로 스케이트보드 전용 공원으로 나갔던 그 첫날 만나게 된 어떤 욕망의 유형이 그것이다.

한 무리의 고딩들이 스케이트보드를 타고 있었다. 말도 없이, 그저 묵묵히. 넘어지고 다시 일어나기를 반복하면서. 먼지 투성이가 된 바지를 툴툴 털며 일어나서는 다시금 땡볕 아래 보드를 던진다. 그러다 지치면 구석에 앉아 뭔지 모를 브랜드의 담배를 피워 물었다. 실제적인 대화는 별로 없었지만, 자신들의 스킬이 완성되는 과정을 아이폰으로 세세하게 촬영했다. 아마도 SNS에 올리려는 듯 보였다. 하나의 동일한 동작을 수십 번, 수백 번 반복하는 이들의 모습은 어딘지 장렬해 보이기까지 했다. 물론 이런 느낌은 수능이 다가오는 한국의 현실을 고려했을 때만 이해되는 어떤 것이기도 했다. 도대체 무엇에 쓸모가 있기에 저리도 보드에 집착하는가? 남들 다가는 대학은 포기했는가? 기타 등등. 그들은 자신들의 젊음을 무용한 것에 온전히 소모해 버리기로 작정이라도 한 것처럼. 집요하고 정밀한 방식으로 청춘을 소모하고 있었다. 그런데, 나는 바로 그러한 고딩들의 모습에서 소크라테스를 보았다, 고 말한다면 믿을 텐가? 그때가 1장의 후반부 소크라테스의 히스테리적 욕망에 관하여 쓰고 있을 때였던 것 같다. 일종의 계시와 같았다고나 할까. 내가 그토록 집중하여 탐사하고자 했던 철학적 욕망의 기원으로서의 소크라테스의 광기가, 보드를 타는 고딩들에게서 그대로 발견되고 있었다. 세상이 뭐라 해도, 나는 나의 욕망을 세공하려한다는, 도발적인 모습이 그곳에 있었다. 단지 흩뿌려지는 욕망이 아니라, 정밀하게 반복되는 방식으로 꼰대들의 담화가 비집고 들어올 틈조차 허용하지 않는…… 소크라테스가 그들이었다, 고 나는 확신한다.

"너희들 어쩌려고 그러니……"라는 어른들의 애도의 목소리에 침을 뱉는 욕망이 그곳에 있었기 때문이다. 당신들이 원하는 방식대로는 결코 나의 시간이 반복되도록 하지 않겠다는 어떤 완고함이, 견고한 타락이, 타락을 통해 현재의 이데올로기를 돌파하려는 투쟁이, 바로 그러한 타락을 관리하고 통제하여 하나의 반복으로 정립하려는 철학적 욕망이 보드를 타는 고딩들의 형상 속에 있었다는 말이다.

소크라테스는 그러한 방식으로 어디에나 있다. 이게 나의 결론이다. 그는 역사 속의 인물이 아니라 단지 하나의 특수한 욕망의 유형일 뿐이니까. 그것은 우리 자신을 우리 자신이도록 만드는 타자의 담화에 대하여 질문을 던지는 순간 출현하는 유령적사건이고, 남과는 다른 길을 선택하는 순간 덮쳐오는 타락의 속도감이고. 그러니까 빠르게 일탈하고 있다는 사실을 알려주는어떤 감각이다. 그것은 존재의 부당함에 대하여 항의하는 거친분노의 목소리이지만 듣다보면 따라하게 되는 랩-음악이다. 피

부색 다른 이방인이 걸어오는 들어본 적도 없는 외국어이지만 그 속삭임이 모국어보다 훨씬 더 친근하게 들리는 방언의 순간 이다. 소크라테스적 욕망의 패러다임은 그러한 소수성을, 이질 성인 그것을 향유하도록 만든다. 그것에 온전히 사로잡히는 방 식으로 그것 자체가 되도록 만든다. 그것이 만드는 환상의 내부 에서 외부를 바라보도록 만든다. 세계의 환상에 대항하는 소수 자의 환상. 환상 vs. 환상. 그런 다음에는 투쟁이 시작될 것이다. 새롭게 구성된 욕망의 배치를 따라서 우리의 모든 일상을 전혀 다른 방식으로 다시 배치하려는 투쟁. 마치 사랑에 빠진 주체가 연인과의 만남을 중심으로 일상 전체를 다시 구성해 내고, 삶의 계획 자체를 기꺼이 변경하려는 것처럼 말이다.

그러니까, 진리의 출현과 그것의 전수는 지식의 문제도 가르 침의 문제도 아니었던 것이다. 소크라테스는 스승이 아니라고 수도 없이 반복하여 말해 왔던 것처럼. 그것은 매혹의 문제, 아 갈마의 문제. 특수한 욕망을 다시 욕망하도록 만드는, 욕망의 전 수에 관한 문제이다. 그런 의미에서이다. 스케이트보드를 타는 고딩들이 한순간 나의 멘토가 될 수 있었던 것은. 작가인 동시에 학생들을 가르치는 직업을 가지고 있었던 나에게 가르침이라는 실천의 허구를 다시 한 번 일깨워 주었던 것은. 누가 누구를 가 르칠 수 있단 말인가? 단지 욕망이 전수될 뿐이다. 그러한 전수 에는 나이도, 지식도, 자격증 따위도 필요 없다. 장소도 시간적 제약도 필요 없다. 그것은 오직 사건적인 방식으로, 라깡이라면 투케라고 불렀을 지극히 우연적인 형식으로 출현하여 우리를 사로잡을 뿐이다. 이 책은 바로 그러한 만남이 우리를 찾아왔을 때, 어느새 그것의 불안한 매혹에 온전히 사로잡혀 꼼짝달싹 할 수 없는 미혹 속에 있을 때, 바로 그러한 소수적 사건을 설명하는 참고서가 되어 주려고 했다. 그야말로 참고만 하는. 바로 그걸 위해 씌어진 책이다. 당신이 남과 다르다는 사실로 인해서 불안해하지 않도록. 그러한 다름이 진리의 장소라는 사실을 논증하는 책. 응원하는 책. 당신의 다름이 진리의 가치를 지니고 있었음을 증명해야 하는 이제부터의 투쟁에 위로가 되어 주는 책. 위로인 동시에 부추김인, 선동이기도 한, 그러한 책이 되고 싶었다는 말로 글을 마치려 한다.

2017년 10월 3일, 북촌.

나는 악령의 목소리를 듣는다
소크라테스,철학적 욕망의 기원에 관하여
ⓒ백상현,2018

제1판 1쇄 2018년 01월 31일
제1판 2쇄 2019년 06월 01일

지은이 백상현
펴낸이 연주희
펴낸곳 에디투스
등록번호 제2015-000055호(2015.06.23)
주소 경기도 성남시 분당구 장미로 101,821-503
전화 070-8777-4065
팩스 0303-3445-4065
이메일 editus@editus.co.kr
홈페이지 www.editus.co.kr

제작처 (주)상지사피앤비

ISBN 979-11-960073-4-8 03160
이 도서의 국립중앙도서관 출판예정도서목록(CIP)는 서지정보유통지원시스
템홈페이지(seoji.go.kr)와 국가자료공동목록시스템(www.nl.go.kr/kolisnet)에서
이용하실 수 있습니다. (CIP 제어번호: CIP 2018001950)